我是工程师科普丛书

车轮上的悦动

画说汽车故事

陈新亚　赵范心　编著

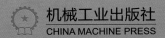

机械工业出版社

CHINA MACHINE PRESS

本书以讲故事的形式，用通俗易懂的语言、色彩精美的配图，述说汽车的起源和发展历程，并展望汽车的美好前景。所精选的故事不仅包含丰富的知识，而且读来生动有趣、回味无穷。本书非常适合青少年和对汽车有兴趣的成人阅读学习。

图书在版编目（CIP）数据

车轮上的悦动：画说汽车故事 / 陈新亚，赵范心编著 . —北京：机械工业出版社，2020.1
（我是工程师科普丛书）
ISBN 978-7-111-64375-3

Ⅰ.①车… Ⅱ.①陈… ②赵… Ⅲ.①汽车—青少年读物 Ⅳ.① U469-49

中国版本图书馆 CIP 数据核字（2019）第 293368 号

机械工业出版社（北京市百万庄大街 22 号 邮政编码 100037）
策划编辑：郑小光
责任编辑：岑 伟
责任校对：李 伟
北京宝昌彩色印刷有限公司印刷
2020 年 8 月第 1 版第 1 次印刷
169mm×225mm · 7.75 印张 · 108 千字
标准书号：ISBN 978-7-111-64375-3
定价：58.00 元

电话服务　　　　　　　　　　网络服务
客服电话：010-88361066　　　机 工 官 网：www.cmpbook.com
　　　　　010-88379833　　　机 工 官 博：weibo.com/cmp1952
　　　　　010-68326294　　　金 书 网：www.golden-book.com
封底无防伪标均为盗版　　　机工教育服务网：www.cmpedu.com

丛书序

　　回顾人类的文明史，人总是希望在其所依存的客观世界之上不断建立"超世界"的存在，在其所赖以生存的"自然"中建立"超自然"的存在，即建立世界上或大自然中尚不存在的东西。今天我们生活中用到的绝大多数东西，如汽车、飞机、手机等，曾经都是不存在的，正是技术让它们存在了，是技术让它们伴随着人类的生存而生存。何能如此？恰是工程师的作用。仅就这一点，工程师之于世界的贡献和意义就不言自明了。

　　人类对"超世界""超自然"存在的欲求刺激了科学的发展，科学的发展也不断催生新的技术乃至新的"存在"。长久以来，中国教育对科技知识的传播不可谓不重视。然而，我们教给学生知识，却很少启发他们对"超世界"存在的欲求；我们教给学生技艺，却很少教他们好奇；我们教给学生对技术知识的沉思，却未教会他们对未来世界的幻想。我们的教育没做好或做得不够好的那些恰恰是激发创新（尤其是原始创新）的动力，也是培养青少年最需要的科技素养。

　　其实，也不能全怪教育，青少年的欲求、好奇、幻想等也需要公众科技素养的潜移默化，需要一个好的社会科普氛围。

　　提高公众科学素养要靠科普。繁荣科普创作、发展科普事业，有利于激发公众对科技探究的兴趣，提升全民科技素养，夯实进军世界科技强国的社会文化基础。希望广大科技工作者以提高全民科技素养为己任，弘扬创新精神，紧盯科技前沿，为科技研究提供天马行空的想象力，为创新创业提供无穷无尽的可能性。

　　中国机械工程学会充分发挥其智库人才多，专业领域涉猎广博的优势，组建了机械工程领域的权威专家顾问团，组织动员近 20 余所高校和科研院所，依托相关科普平台，倾力打造了一套系列化、专业化、规模化的机械工程类科普丛书——"我是工程师科普丛书"。本套丛书面向学科交叉领域科技工作者、政府管理人员、对未知领域有好奇心的公众及在校学生，普及制造业奇妙的知识，培养他们对制造业的情感，激发他们的学习兴趣和对未来未知事物的探索热情，萌发对制造业未来的憧憬与展望。

希望丛书的出版对普及制造业基础知识，提升大众的制造业科技素养，激励制造业科技创新，培养青少年制造业科技兴趣起到积极引领的作用；希望热爱科普的有识之士薪火相传、劈风斩浪，为推动我国科普事业尽一份绵薄之力。

工程师任重而道远！

李培根　　中国机械工程学会理事长、中国工程院院士

前　言

　　汽车是怎样发明的？早期的汽车为什么像马车？现在的汽车为什么长这样？汽车是怎样奔跑的？电动汽车为什么越来越多？这都是汽车爱好者较为关心的问题。本书以讲故事的形式，配合精美的图片，尽力回答读者有关汽车的许多问题，并以时间为轴线，顺序展示了一百三十多年来的汽车演变史。

　　汽车是一种充满魅力的机械，它不仅为人类带来了便利，更为这个世界带来了奇迹，使我们的生活更加缤纷多彩。汽车集各种技术之大成，它的进化过程也充满神奇，可以说是近代科学技术进步的缩影，从《车轮上的悦动：画说汽车故事》中就能清晰了解近代技术进步的重要足迹。阅读《车轮上的悦动：画说汽车故事》，相当于走进了科技博览馆，让我们回顾历史，展望未来，乘上快车，向前奔跑吧。

编者

2019 年 10 月

目　录

故事 1

轮子的故事

　　说起汽车的故事，还要从轮子说起，因为是我们的祖先发明了轮子后，才有了所谓的车辆，进而才有了后来的各种汽车。

　　在远古时代，不仅没有任何车辆，连轮子也没有。那时的人类祖先，也就能拿块石头和木棍去追赶猎物。但当祖先们很幸运地猎到大象等体重较大的动物时，要想搬运回山洞，就是一件非常困难的事情。当时，不知是哪位聪明的祖先发明了用原木运输重物的方法。具体方法是，将要运输的重物放在木排上，木排下面垫上可以滚动的原木，然后就可拉动木排，慢慢前进。

　　后来，又不知是哪位聪明的祖先将原木的中间部分砍细一些，这样原木和木排就会保持相对固定的位置，在拉动木排时不会让原木乱滚，从而可以保证正确的前进方向。

　　再后来，为了翻越更高的沟坎和坡道，祖先们不得不寻找更粗的原木，以便将原木的两端变得更大些，木排离地距离更远一些。当不能找到更粗壮的原木时，智慧的祖先们便自然而然地发明了轮子，装在原木的两端。据考古发现，轮子最早是公元前 4 000 年，在现今的伊拉克率先发明和使用的。

　　再再后来，祖先们又将木排固定在轮子的轴上，这便成了现在我们仍在使用的人力车。

　　◀ 车轮

故事 2

动物拉车的故事

在古代，即使祖先们发明了车轮，但仍要使用人力来推拉车辆。而在医疗条件极差、生存环境恶劣的远古时代，人力是最宝贵的财富。据说，大约在公元前 4 000 年，剽悍的蒙古人开始驯养野马，并在后来的侵略战争中，不断将马匹骑到了邻国。从此，被驯服的马匹开始出现在世界各地。

祖先们在开始也只是将马匹作为骑乘的战争武器，后来发展成个人的交通工具。最后不知是哪一位祖先将马匹和车辆组合在一起，给马匹的脖子套上马套，让马匹代替人力来拉动车辆前进。

后来，祖先们不仅用马匹作为新生的运输力量，而且开始驯服牛、驴等动物，从而使动物力量进入运输行业。即使到了汽车满街跑的现在，有时仍可在现代化的北京城看到贩卖水果的马车。英国女王在节日出行时也要乘坐马车。据考证，动物力量进入运输行业已有 5 000 多年的历史。

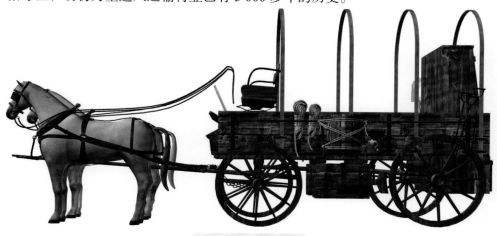

▲ 古代战车复原图

▲ 中国古代两轮马车

▲ 英国近代马车

故事 3

蒸汽成为动力的故事

　　到了 18 世纪，人类社会的发展进入蒸汽时代。就像现在是信息时代一样，那时西方世界的热门话题便是蒸汽机的发明和使用。据说，最早是英格兰人发现了利用煤炭的能量，可以替代马匹拉动车辆。用煤炭将水烧开冒出水蒸气，而水蒸气具有向上蒸发的力量，如果将这种向上升的力量收集起来，就可以推动物体运动。然后，再将直线运动转化为旋转运动，就可以驱动车辆前进。这就是蒸汽汽车的原理。

▲ 世界上第一辆蒸汽汽车（复原图）

　　世界上第一辆蒸汽汽车，是在 1769 年由法国陆军技术军官尼古拉斯·约瑟夫·库诺制造的。库诺生于 1725 年，他是法国炮兵大尉。1769 年，在法国陆军大臣的资助下，经过 6 年苦心研究，库诺成功地制造出世界上第一辆完全依靠自身动力行驶的蒸汽汽车。

　　这辆蒸汽汽车有三个车轮，木制车身。车上装用的双活塞蒸汽机，是库诺根据法国物理学家巴本的理论独立设计的。用来烧蒸汽的锅炉后面，装有容积为 50 L 的两个气缸，由蒸汽推动里面的活塞做上下运动。然后，活塞的力量通过连杆传给前轮，使车轮转动。

　　单个前轮兼作驱动和转向，最高车速 4 km/h，还没有人走得快，而且每行驶 15 min 就要停下来，加热 15 min 后再继续慢慢行走。这辆车是为拖拉法国火炮而制造的，后来在一次试车时撞到兵工厂的墙上而毁坏。

▲ 因没有安装制动装置而撞墙毁坏的第一辆蒸汽汽车

▼ 1907 年，荷兰 ABikkers&Zn 消防器材公司打造
的一款蒸汽消防汽车

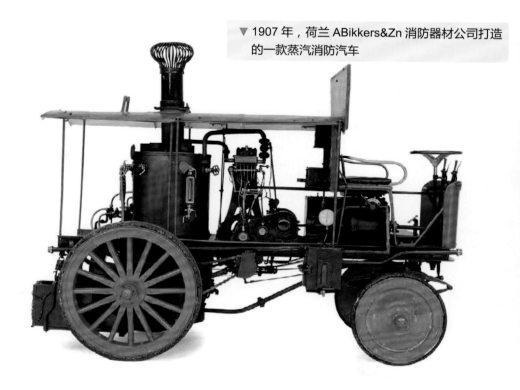

1771 年，库诺又成功研制了更大型的蒸汽汽车，车速增加到 9.5 km/h，和人的跑步速度差不多，而且可牵引四五吨的货物。该车现珍藏在法国巴黎国家艺术及机械陈列馆。1804 年，库诺去世。在 80 多年以后，真正意义上的汽车才开始出现。

由于蒸汽发动机要使用煤炭和水，加上沉重的钢制气缸、活塞等，重量非常重，很难在普通路面上行走，只好让它们在钢轨上运动。这便促使了蒸汽火车的发明。我国是最晚淘汰蒸汽火车的国家之一，直到 2006 年底我国才完全弃用蒸汽火车。

▼ 1771 年，库诺研制的蒸汽汽车

故事 4

电动汽车曾昙花一现

蒸汽汽车出现后，人们并没有停止对汽车动力来源的探索。因为蒸汽汽车不仅体积庞大，而且实用性较差，装在火车上还凑合，但如果作为机动性要求较高的道路行驶车辆，就有点太笨拙了。因此，人们竞相探索其他动力来源。

到 19 世纪晚期，甚至形成了一种竞争热潮，当时人们尝试用各种能量来充当车辆动力。除了可以产生蒸汽的煤炭外，还有炸药、煤气和天然气等，甚至包括现在我们作为新能源汽车发展方向的电池。据记载，电动汽车比燃油的奔驰汽车早发明了 30 年。

▼ 1896 年美国赖克（Riker）电动三轮车

　　在当时看来，电池作为车辆动力几乎成为最大可能，而且当时的发展势头还不错。1897 年，美国纽约城甚至出现了一个电动出租车队。更有一辆外形像鱼雷的电动车，在 1899 年创下了陆上速度世界纪录，达到惊人的 109 km/h。这也是有史以来第一项被正式承认的汽车速度纪录。

　　然而，由于电池太重，续航行驶里程较短，电池很难作为大批量实用车辆的动力源。这些缺点其实至今仍然存在。直到石油资源被大量发现后，早期的电动汽车就完全被燃油汽车替代了。现在考虑到石油资源逐渐枯竭及空气污染等问题，人们又回归到电动汽车的研究上。

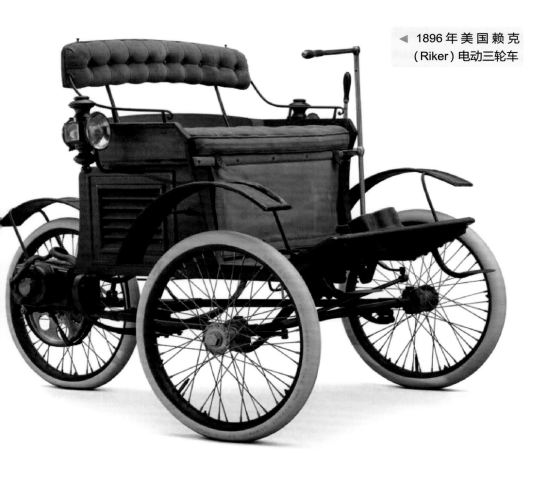

◀ 1896 年美国赖克（Riker）电动三轮车

故事5

内燃机一鸣惊人

前面所说的蒸汽发动机等都是外燃发动机，因为它们的基本原理都是燃料在气缸外面燃烧，产生蒸汽后再推动气缸内的活塞运动。这种外燃式的发动机不仅体积较大，而且笨重、工作效率非常低，比如蒸汽发动机只能把 6% ～ 8% 的能量转化为动能。

多种能量竞争车用动力长达上百年，直到一位名叫尼古拉斯·奥托的德国人出现后，才逐渐分出胜负，一种四冲程燃油内燃机成为最后的胜利者。

奥托于 1832 年生于德国。他没受过什么专业技术训练，曾以杂货批发生意为生。他在 1861 年从报纸上看到雷诺尔研制煤气发动机的消息后，产生了极大兴趣，也变成了发动机迷，并且花费了他几乎所有的金钱和业余时间，专心来研究和试验发动机。在此之前，曾有人发明过内燃机，但都不实用，用现在观

▲ 奥托四冲程发动机工作原理

点来看，甚至都不能叫内燃机。

1861 年，奥托开始试验一种带有压缩冲程的发动机，它有常规的曲轴和各自独立的进气、压缩、做功和排气四个冲程。这就是热力学中的"奥托循环"，也是现代发动机乃至汽车的运动理论基础。但当时这台发动机的燃烧过于猛烈，以至于无法正常工作。

为了有更好的经济条件支持发动机的研制，1864 年奥托和企业家兰根合伙创办了发动机厂。奥托尝试着用增大空燃比来降低燃烧的猛烈程度，但这导致了混合气不能被可靠地点燃。后来他想了一个巧妙的办法解决了这个难题，这个办法就是今天分层供气燃烧室的雏形。在吸气冲程阶段，气缸吸入的只是空气，然后才是混合气。这样保证了可靠的点火，又不会产生过高的燃烧压力。

1867 年，在巴黎的一个展览中，奥托向世人推出了世界第一台真正的内燃机，它是一台煤气内燃机，实用性并不大。直到 1876 年，奥托终于推出一款可以使用汽油的发动机，从此开创了现代汽车用发动机的先河。

1891 年，奥托离开了人世，终年 59 岁。现在的内燃机早已今非昔比，但它们仍然按照奥托的原理在运转着。

▶ 1876 年奥托发动机

故事6

摩托车率先上路

在四轮汽车出现以前，二轮摩托车就率先上路了。

1834 年 3 月 17 日，世界汽车之父之一的戈特利布·戴姆勒出生于德国符腾堡雷姆斯河畔的绍恩多夫，他的父亲是一位面包师。戴姆勒中学毕业后曾当

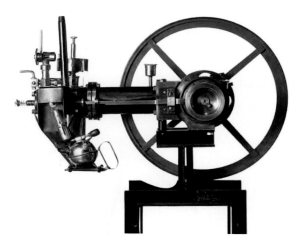

1883 年戴姆勒模仿奥托发动机设计的卧式单缸汽油发动机。

世界第一台立式发动机，由戴姆勒和迈巴赫共同研制成功。由于它的外形像个老式的立钟，因此绰号"祖父立钟"（Grandfather Clock）。这台发动机为空气冷却，1/4 马力（1 马力 = 0.735 kW），最大转速 600 r/min。

过制枪匠学徒和火车头制造厂工人，后来又到斯图加特技术学校进修。1861 年，戴姆勒先后到法国、英国工作和学习，1862 年回到德国并结婚，后来到道依茨燃气发动机公司当工程师。1882 年，戴姆勒与好友迈巴赫共同在迈巴赫家里制造发动机。他们将奥托四冲程发动机改进后，于 1883 年推出他们的第一台卧式发动机。1884 年，他们经改进后又推出性能更好的立式发动机，并于 1885 年 4 月 3 日取得德国专利。这台发动机是世界第一台立式发动机，取名 "祖父立钟"，空气冷却，最大功率 1/4 马力，最高转速 600 r/min。

　　戴姆勒将新研制的单缸发动机首次安装于一辆两轮车上。1885 年 8 月 29 日，戴姆勒取得了这辆 "骑式双轮车" 的德国专利。这实际上是世界第一辆摩托车。

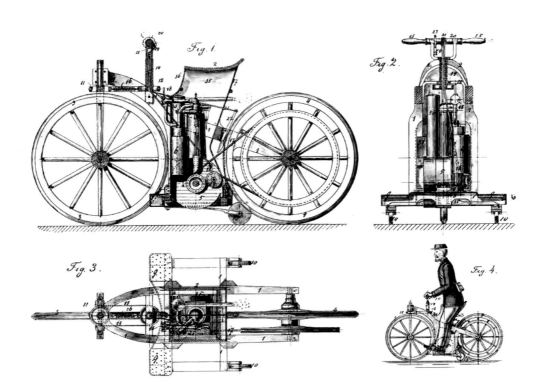

▲ 戴姆勒两轮汽油机动车专利彩图

迈巴赫骑在第一辆两轮汽油机动车上，其胯下的发动机是他与戴姆勒共同研制的。

▲ 1885 年世界第一辆汽油机动车（复制品）

故事 7

三轮汽车开创奇迹

　　虽然发明了两轮和四轮汽车，但戈特利布·戴姆勒很不走运，人们将汽车发明者的称号给了发明三轮汽车的卡尔·本茨，因为最先投入实际生产的是本茨的三轮汽车。

　　1844 年在德国出生的本茨从未见过父亲，因为在他出生之前，作为火车驾驶者的父亲在一次事故中不幸身亡。本茨于 1860 年中学毕业后就上了当地一所技术学校。在学校他对机械原理特别感兴趣，尤其偏爱研究热力发动机和蒸汽发动机。

　　从技术学校毕业后，本茨先是到一家机械厂当学徒工，后到曼海姆建筑公司当工长，不久又到部队服役。1871 年初退役的本茨到处寻找工作却无着落，一直到第二年才找朋友借钱成立了卡尔·本茨铁器铸造和机械工厂。由于经营不善，1877 年时，本茨的工厂濒临倒闭，连 2 000 马克的欠债也无力偿还，催债人频频上门。

　　被逼上绝路的本茨并没有退缩，否则也就不会有今天的"奔驰"汽车。他决定转产发展潜力巨大的发动机制造业，并于 1879 年 12 月 31 日成功研制一台单缸两冲程发动机。

世界首辆汽车采用单缸发动机，水冷，立式，排量为 0.985 L，功率为 0.75 马力。到正式生产时本茨又将发动机排量增加到 1.7 L，最大功率也增加到 2.5 马力，最高车速达到了 19 km/h。

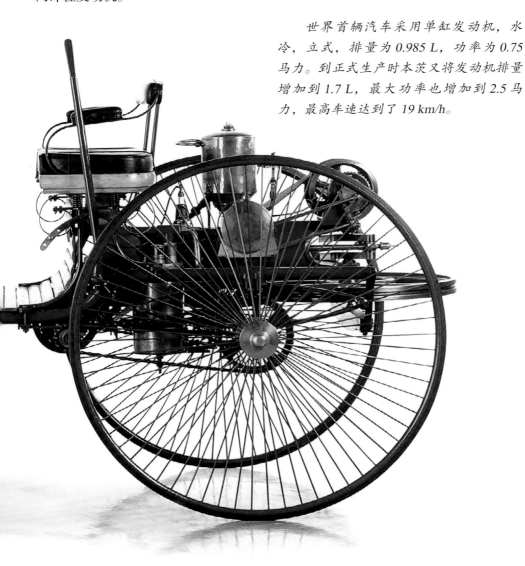

由于发动机在当时没有多大用处，人们还不知道将它用于代步工具，因此本茨的工厂仍不景气，没有人专门去买一台发动机。那几年是本茨最困难的时期，本茨的妻子只好靠变卖嫁妆和首饰来维持一家人的生计。1882年，本茨终于取得一位商人和一位银行家的支持，联合成立曼海姆燃气发动机股份有限公司。一个月后，由于本茨与商人和银行家合不来，他不能放手开展工作，便愤然退出公司。作为提前退出公司的处罚和损失赔偿，本茨搭进去了所有的设备和机器。

▲ 汽车发明专利证书

　　几经磨难，本茨明白只有开发出发动机的实际用途，发动机才会有销路。于是他将燃气发动机改为汽油发动机，又将汽油发动机装在三轮车上，反复改进后，终于在 1885 年造出第一辆汽车，并于 1886 年 1 月 29 日获得汽车制造专利权，注册号是 37435，专利人为奔驰公司。后来人们就把 1886 年 1 月 29 日定为世界首辆汽车诞生日。

▲ 汽车发明专利证书

故事8

首次自驾旅行

　　那是 1888 年 8 月暑假的一天，卡尔·本茨的两个儿子欧根（15 岁）与理查德（13 岁）很想坐爸爸发明的三轮汽车远行，正好妈妈贝塔（38 岁）也想回趟娘家。于是三人便趁本茨还未起床之际，悄悄将汽车推出车棚，又推出院子，估计发动机声音不会惊醒本茨时，才将汽车起动。

▲ 奔驰三轮汽车

　　汽车由大儿子欧根驾驶，妈妈坐在一旁辅助，他们缓缓驶出曼海姆，向目的地普福海尔茨海姆前进。由于出来较早，马路上空无一人。当时道路较简陋，汽车稳定性也差，因此一路上颠簸不断。

▲ 首次自驾三轮汽车图

▲ 首次自驾"加油站"

　　1888 年 8 月，贝塔和她的两个儿子在长途旅行中曾在一家药店为汽车添加汽油，因此这家药店也成了"世界第一家加油站"。

过了威恩海姆后，马路上渐渐热闹起来，他们开始遇到一些马车。汽车发动机的"突突"声及硬车轮与地面相挤压的"咯吱"声，吸引了沿途的行人和车夫驻足观看。一辆没有马的马车竟能自动行走，令人们惊奇万分。一些马匹因受惊吓竟使马车翻落路旁。

在上一个土坡时，汽车突然熄火。经贝塔检查，发现是输油管堵塞。贝塔灵机一动，用帽子上的饰针疏通了油管，发动机又转起来。不久，传动链又断了，他们摆弄了好大一会儿才重新接上。走着走着，电线又出现短路，贝塔截下长袜上的松紧带充当绝缘体。不一会儿，刹车皮又磨坏，这次他们不得不求助一位鞋匠才将刹车皮重新修好。

这就是世界上第一次汽车长途旅行。现在看来不算什么，但在当时确实需要巨大的勇气和胆量。贝塔及两个未成年儿子不仅为本茨日后改进汽车提供了"实验数据"，而且也为奔驰汽车做了一次很好的广告。

▲ 首次自驾路线示意图

故事 9

四轮汽车上路奔跑

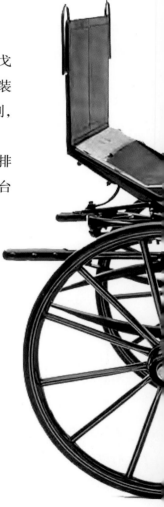

　　1886 年 3 月 8 日，为了庆祝妻子恩玛的 43 岁生日，戈特利布·戴姆勒花了 795 金马克订购了一辆四轮马车，改装后装上他研制的立式发动机，并在 1886 年申请了发明专利，从此世界第一辆四轮汽车诞生。

　　这辆汽车的发动机放置在后轴前方，实际上占用了后排乘员的脚部空间。立式发动机利用带传动来驱动后轮。此台发动机转速在 650 r/min 时可以输出最大 1.1 马力的动力，驱动车辆可以达到 20 km/h 的最高车速。该车设置有两个挡位，但需要将车辆完全停止后才可以手动换挡。

　　从外形上看起来，这仍是一辆马车，双排式座椅布置、钢板弹簧悬架结构和外挂式车灯等均保持了马车原型，所以此车当时又被称为"无马马车"。

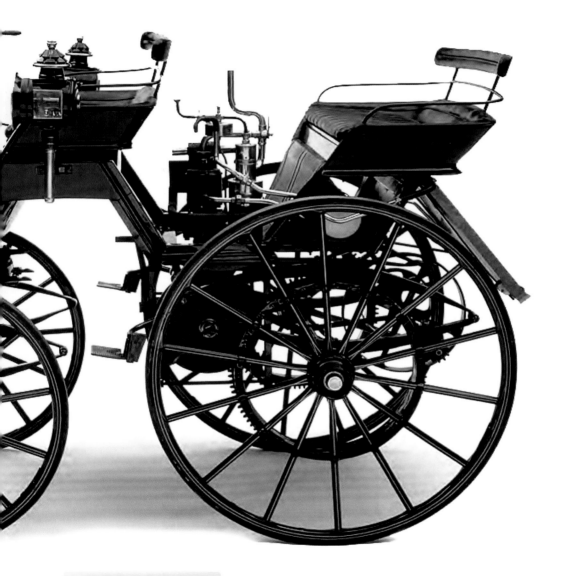

▲ 戴姆勒发明的四轮汽车

　　在 1894 年之前，汽车都像工艺品那样实行单件生产，每辆车都不相同，直到奔驰（Benz）Velo 出现。Velo 是奔驰的第一款批量生产的汽车，从 1894 年开始生产，到 1897 年结束，共生产了 381 辆。当时买一辆这样的汽车需要花费 2 200 个金马克。

▲ 1894 年最先批量生产的汽车——奔驰 Velo

故事 10

汽车发明奇案

众所周知，汽车专利权由德国人卡尔·本茨与戈特利布·戴姆勒两人共同拥有。他们两人于1886年同时发明了汽车，并申请注册了专利。然而，在9年之后的1895年11月5日，美国专利局却为乔治·B·塞尔登注册了"公路机器"即汽车的专利，使塞尔登大发专利财，并引起了持续16年的争吵。

实际上，塞尔登的职业并非发明家，而是一名专利局官员。他从未根据自己的专利制造出一辆汽车，但他很会纸上谈兵，描述得绘声绘色，几乎包括了汽车技术的方方面面。例如在专利中就写道："公

这就是塞尔登在1895年注册的"公路机器"专利说明图。最上面是发明者塞尔登的名字。

▲ 塞尔登专利说明图

路机器"的组成包括 1 个由驱动轮和转向机构组成的可变速的行驶系统，1 台有
1 个或更多气缸的带压缩比的汽油发动机，1 个液体燃料的容器，1 个可使驱动
轮旋转的驱动轴，1 个位于中间的离合器或其他脱离装置，1 个用于运输人员或
货物的车厢等。

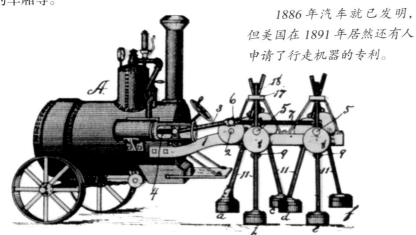

*1886 年汽车就已发明，
但美国在 1891 年居然还有人
申请了行走机器的专利。*

NO. 461,441　　　　PATENTED OCT. 20, 1891

▲ 行走机器专利说明图

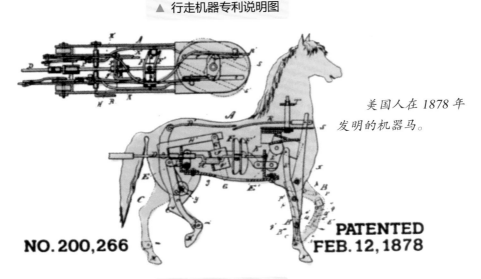

*美国人在 1878 年
发明的机器马。*

NO. 200,266　　　PATENTED
　　　　　　　　FEB. 12, 1878

▲ 机器马专利说明图

　　塞尔登凭借此专利向所有汽车制造商收取专利权税，仅威廉·杜兰特（通用汽车公司创始人之一）就支付了近百万美元，并使通用公司一度陷入财务困境。然而，只有福特汽车公司一家拒付专利权税。1903年6月，福特在报上公开批评汽车专利："那个专利并不涉及任何现实中的机器，根据它也造不出任何实际的东西，现在不会，将来也不会。"

　　1908年10月，福特推出T型汽车，由于产品畅销，福特公司效益剧增。一年后，福特被"公路机器"专利拥有者推上被告席。一开始福特打输了官司，但随后又上诉，终于在1911年作出判决："公路机器"的专利只限于两冲程发动机的汽车。而当时四冲程发动机已成汽车主流，没人再生产两冲程发动机汽车。这实际上是终止了"公路机器"专利。

► 1903年美国福特A型汽车

　　1903年的福特A型汽车是福特制造的第一款汽车。此车配备双气缸发动机，8马力，2速行星齿轮变速器，28英寸（1英寸 = 2.54 cm）车轮，木质轮辐。

▲ 1908 年美国福特 T 型汽车

故事 11

红旗法的故事

1865 年，英国议会通过了一部《机动车法案》，后被人嘲笑为"红旗法"。其中规定：每一辆在道路上行驶的机动车，必须由 3 个人驾驶，其中一个必须在车前面 50 m 以外做引导，还要用红旗不断摇动为机动车开道，并且速度不能超过每小时 4 英里（1 英里 = 1.6 km）。直到 1895 年，红旗法才被废除。

德国肯尼兹市萨克森城的警察在 1899 年立法，这可能是最古老的汽车鸣号法规："蒸汽车或汽油车一定要会发出声音，并准许使用汽车喇叭。"

那时买得起车的有钱人，都花得起钱雇用一个副驾驶，专门让他做按喇叭的工作，只要他发现路上有行人，就要使劲按喇叭警告他们。还有些城市规定这些副驾驶也要担任路跑者，他们要在车子前面慢跑，挥舞旗帜或吹哨子，好清出一条道路让汽车通过。自 20 世纪以来，道路上充斥着尖声作响的汽车、用汽笛吸引人注意的跑车，还有隆隆作响的大卡车，喇叭已征服了汽车世界。

1901 年，德国更是规定所有车子上都要装备喇叭，于是古典的球形喇叭出现了，只要按压后面的黑色橡皮球，就可让空气通过号角状的喇叭发出声音。这些被比喻成铜制号角的"乐器"有时有 3 个喇叭、数个橡皮球，甚至还有 1 个风箱，声音听起来很像小羊叫，但效果不大。

更吵人的还有以拉线控制并能排出废气的排气鸣笛。人们听到这强力的汽笛声会吓得从椅子上跳起来。任何能制造噪声的东西都可以成为喇叭，而且是越吵越好。

有的喇叭发出狼嚎般的声音，有的喇叭响着各种曲调的铃铛声，甚至还有发出机关枪声音或狗叫声音的喇叭等，最后这种无聊的举动终于遭到禁止。德国高速公路法规定："车辆发出警告声响，必须是用来警告，而不能具有惊吓他人的用途。"

▲ 19 世纪汽车上路，路跑者开道

故事 12

马车失宠的故事

汽车一诞生，就面临马车的竞争。其实当时的汽车与马车的外形是一样的，只是不用马拉而已。汽车速度快，噪声也大，模样也怪里怪气，破坏了马车时代的安宁，特别是那轰隆隆的声音常使马匹受惊。坐惯了马车的人视汽车为洪水猛兽，用各种语言来咒骂这个突然出现的怪物。美国人称其为"魔鬼之车"，欧洲曾有人在报上登出漫画，画的是汽车爆炸、乘坐者血肉横飞的惨状，恫吓人们不要坐汽车。贵族们甚至操纵议会通过法令：在路上，汽车要给马车让路；严禁鸣笛，以免惊扰拉车的马。美国加利福尼亚州的圣拉菲尔镇曾颁布法令：

▼ 1898 年法国 Lacroix ET Delaville 三轮汽车

这辆三轮汽车更像是一艘机动船。它那长长的转向操纵杆好似船舵，不仅长而且转动范围较小，特别是当驾驶人旁边有乘员时更难转向。此车配备法国德迪恩－布顿（DeDion-Bouton）的单缸发动机，通过一条长传动带驱动后轮。首款车型连变速器都没有配备。

此车由法国 Lacroix ET Delaville 公司打造，该公司于 1896 年成立，终结于 1914 年。

驾驶者必须在任何过路马匹的 300 英尺（1 英尺＝0.305 m）外停车；佛蒙特州立法规定：每一名开车人必须雇一位成年人在汽车前八分之一英里（1 英里＝1.609 km）处手持红旗引路；旧金山规定：市内汽车行驶时速不得超过 8 英里；有的城市甚至不许汽车上大路。

　　马车铺的老板们忌恨汽车抢了他们的生意，唆使儿童向汽车扔石块，在路上撒碎玻璃和铁钉，以妨碍汽车的行驶。早期的汽车走走停停，很不可靠，为了防止途中抛锚，还在车后拴两匹马备用。"汽车家们"不得不忍受赶马车人的嘲笑和旁观者的奚落。

　　福特在试验自己造的汽车时，只能在夜间上街，因为在白天开着汽车上街常常受到马夫的威胁。他迫不得已请求市长给予保护，领取了一张能在白天通过街道的特别执照。如果半途发生故障，他必须把车用铁链子锁在路灯柱子上才敢回家拿工具和零件。汽车业的老板们也有过"以牙还牙"的举动，在一些马车经常来往的路上钻上许多洞，使许多马付出了腿断脚残的惨重代价。

　　1899 年，大发明家爱迪生看完福特的试验汽车后，做出了有名的预言："马车的末日已经来临。"

▲ 1895 年美国巴法姆（Buffum）4 缸发动机汽车

　　这辆巴法姆（Buffum）汽车是美国最早的 4 缸发动机汽车。美国巴法姆汽车公司只制造了少量汽车，但拥有数项突破性技术：制造了第一辆美国 4 缸发动机汽车，制造了世界第一款 V8 发动机汽车。

故事 13

柴油发动机发明者的故事

　　"柴油"的英文是 Diesel，它的原意并不是什么油，而是柴油发动机发明者鲁道夫·狄塞尔的姓。狄塞尔是德国人，1858 年出生。1892 年狄塞尔提出"在空气中注入燃料，通过压缩，空气温度升高，可使喷射在空气中的燃料自燃点火"。1893 年他写了一本名为《合理的热发动机的理论及其装配》的书，该书阐述了狄塞尔内燃机的工作原理。

　　狄塞尔与奥格斯堡机器制造厂老板签订了试制合同，于当年制成试验用柴油机。1892 年 1 月 28 日，狄塞尔向柏林皇家专利局申请了发明专利，2 月 27 日获得柴油机专利权。1893 年狄塞尔对这台缸径为 150 mm、行程 400 mm 的柴油

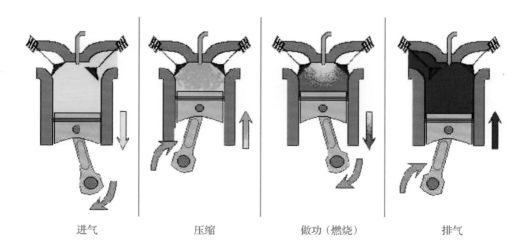

| 进气 | 压缩 | 做功（燃烧） | 排气 |

▲ 柴油发动机工作原理示意图

机进行试验。首先用传动机拖动运转，待运转趋向平衡时喷入燃料，不料刹那间一声轰鸣，装在上面的仪器如炮弹一般飞出，乒乓作响，火花由排气管射出，滚滚浓烟四起，在场的人吓得四处逃窜。第一台样机试验失败了。1894 年 2 月17 日，改进后的柴油机成功地运行了 1 分钟。

▲ 柴油发动机构造图

　　这种靠压燃的柴油机其制造技术和零件承载能力都要求比汽油机更高，而狄塞尔急于推销他的发动机，第一批生产的 20 台柴油机出售后不久，用户便纷纷退货。负债和柴油机的质量问题让狄塞尔陷入了困境，1913 年 10 月 29 日，他跳海自杀。

　　后人为了纪念狄塞尔，就将柴油发动机称为"狄塞尔发动机"。因此，"柴油"的英文名现在就是 Diesel（狄塞尔）。

▲ 鲁道夫·狄塞尔（1858-1913）

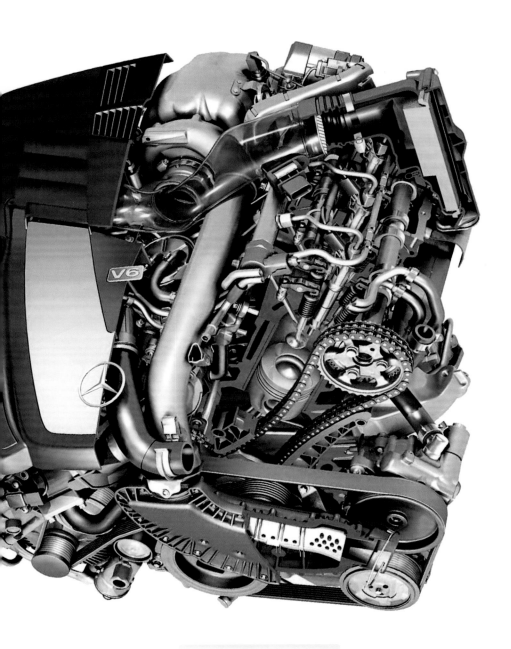

▲ 奔驰柴油发动机构造图

故事 14

一起事故引起的汽车革新

1910 年冬天，一名女士驾驶一辆凯迪拉克汽车在美国密歇根州贝尔岛的一座木桥上抛锚。由于当时异常寒冷，她手脚冻得僵硬，无法用手柄起动发动机。这时恰好有一名叫拜伦·卡顿的人驾驶凯迪拉克汽车来到这里。卡顿是凯迪拉克汽车公司老板亨利·利兰的朋友，他热情地帮助这位女士。当他摇动发动机的起动手柄时，发动机回火，手柄反转，打在卡顿的脸上，他当即头破血流，送至医院抢救无效死亡。

The CAR
THAT HAS NO CRANK

这辆车不需要起动手柄了！

▲ 1912 年凯迪拉克汽车广告

这消息一经传出，车主和驾驶人极为震撼，凯迪拉克汽车的声誉也一落千丈。老板利兰为此召集技术人员开会，号召工程师们全力投入自动起动器的研制。两年后，即 1912 年，戴登工程实验公司的凯特林研制出自动起动器，并开始安装在凯迪拉克 30 型汽车上。这就是现在每辆汽车上都离不开的起动机，只需转一下钥匙就可以起动汽车，再也不需要用手柄起动汽车了。

　　早期的汽车都是用手柄摇动发动机的曲轴才能使汽车"点火"起动的。这个起动动作非常危险，需要掌握一定的技巧，在发动机将要起动时快速回转手柄并退出。如果掌握不好技巧，就很容易受伤甚至导致死亡。现在起动手扶拖拉机时仍要采用这种方式。

　　如今，汽车的起动方式又向前进了一大步，许多轿车上都采用了一键式起动，也就是按一下按钮，甚至在钥匙上或手机上按一下就可起动汽车，但它们的起动原理仍是利用起动机来驱动曲轴运转，进而起动发动机。

▲ 率先配备起动机的凯迪拉克 30 型汽车

▲ 一键式起动汽车的按钮

▼ 一辆带有起动手柄的雪佛兰汽车

故事 15

发动机内部很暴力

　　我们人体的心脏是以一缩一舒的方式跳动的，心脏停止跳动意味着生命终结。汽车也一样，发动机是汽车的心脏，它是汽车的动力之源。发动机的核心部件是活塞和气缸，它们可谓是汽车心脏中的心脏。活塞在气缸中的运动相当于人体心脏的"跳动"，只不过活塞是往复式"跳动"。所谓往复式是指活塞在气缸中运动路线是直线，而且是往复的，也就是来回反复运动。活塞在气缸中往复运动时不断产生动力，从而推动汽车前进。

　　那么，活塞"跳动"的力量来自哪里？其实是因为活塞顶部的燃烧室内发生了激烈的化学反应，从而形成一种爆炸力，进而推动活塞上下运动。

　　在发动机燃烧室，燃油与氧气进行化学反应，使燃油中的分子结构被打破，碳元素重新排列，然后生成含有碳元素的新物质。在重新排列碳元素的过程中，就会释放出光能和热能。

　　发动机的燃烧室是产生动力的源点。与其说是燃烧室，不如说是爆炸室，因为汽油或柴油在燃烧室中并不是燃烧，而是爆炸。

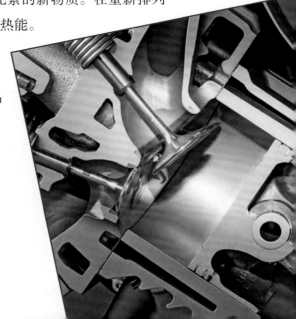

在汽油机燃烧室中，当汽油和氧气混合在一起并被压缩到一个封闭狭小的空间时，用火花塞上的高压电火花突然点燃混合气体，高速的化学反应伴随着巨大能量的释放就形成了爆炸，而且在每秒内产生数百次的微爆炸。其实我们听到的汽车发动机声音，基本就是气缸内发生的爆炸声。这种爆炸一旦停止，

▲ 发动机内部构造图

也就意味着汽车发动机熄火了。正是这种强烈的爆炸产生的力量推动活塞上下运动，然后再通过一系列的动力传递，最终推动车轮旋转。

汽油中最主要的成分是碳氢化合物，这种物质分子中只含有碳和氢两种原子。在汽油爆炸燃烧时，碳氢化合物与吸入空气中的氧产生化学反应，其中1个碳原子和2个氧原子化合生成1个二氧化碳分子，2个氢原子和1个氧原子化合生成1个水分子。如果吸入的空气量不足，那么和碳原子结合的氧原子就会减少，这样就不会完全生成二氧化碳，便会生成一部分一氧化碳。在爆炸燃烧的过程中，由于温度极高，还会造成空气中的氮原子被氧化生成一氧化氮和二氧化氮。因此，汽车排气中的主要成分就是一氧化碳、二氧化碳、一氧化氮和二氧化氮等。

小知识 │ 汽油蕴含巨大能量

汽油中蕴含巨大的能量，同等重量情况下，汽油所含能量大约是糖的3倍，木头的5倍，电池的200倍。所以要想用电池取代汽油，电池技术研发人员还需要加倍努力。

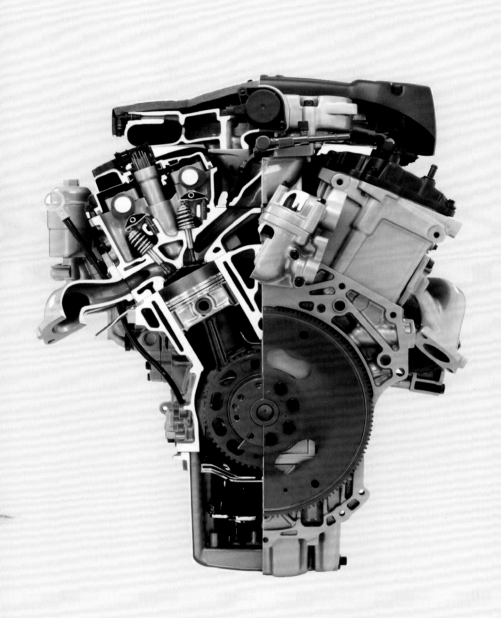

▲ 汽油发动机剖视图

故事 16

发动机要大口呼吸

汽油和柴油在气缸内燃烧反应时需要大量空气，而进气量与燃油之间的配比最好合适。当发动机低速运转时，它就不需要太多的空气，此时如果进气量太大，就会"白做功"，浪费进气量；但在高速运转时，发动机又需要吸入更多的空气，以便喷入更多的汽油，并使这些增量的汽油能够完全燃烧。

就像我们人体一样，当我们静坐在那里，就不需要吸入太多的空气，即使步行，也只需要平和地呼吸即可。然而，当我们跑步时，就会感觉呼吸困难，必须大口大口地吸气，因为此时我们人体需要更多的空气，因此我们往往会张大口进行呼吸，以满足人体的需要。

汽车也一样，当高速前进时，最好能使发动机的进气量增大以使燃油充分燃烧；而在低速运转时，则减小进气量，因为此时喷油量较小。可变气门系统则通过改变气门升程（也就是提升的高度）或正时（也就是打开的时间）来调节进气量。有的只是改变升程，有的则是调节正时，有的则是同时调节，甚至是连续可变地调节进气量。

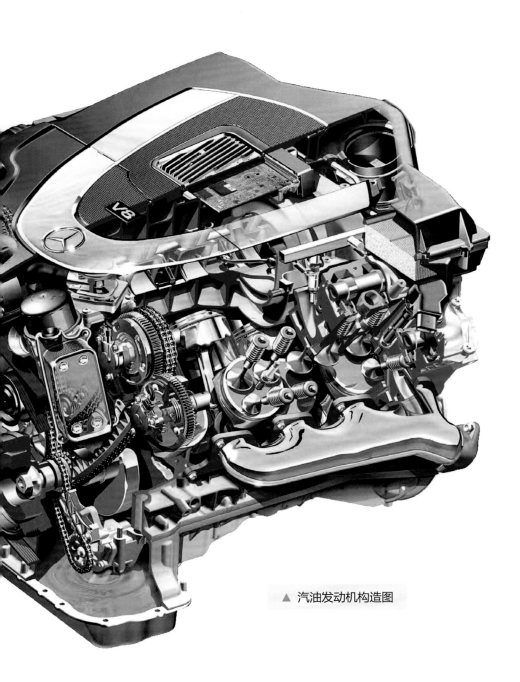

▲ 汽油发动机构造图

故事 17

增压器的神奇功效

　　大型发动机的动力之所以比小型发动机强大，主要原因就是大型发动机的气缸排气量大，能吸入更多的空气，从而可以同时燃烧更多的燃油，产生更大的爆炸力，使发动机输出更大的转矩。然而，通过增大进气压力的办法也可以让发动机吸入更多的空气，将空气压缩后再吸入气缸，可以大幅增大进气量。这就是涡轮增压器和机械增压器的职责。

　　涡轮增压器由发动机排出的废气来驱动，在废气的驱动下，它可以将即将进入到发动机的空气进行压缩，从而提高发动机的进气量。涡轮增压器在发动机转速较低时无法起动，只有达到一定转速（比如 1 500 r/min 以上时），它才能起动，因此在加速中有时会听到涡轮增压器起动的声音。

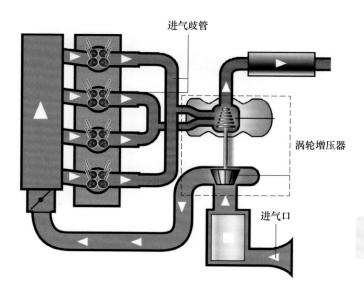

◀ 涡轮增压发动机
原理示意图

　　机械增压器则由发动机的曲轴皮带驱动，一直处于工作状态，但随着车速的不断增高，它工作的声音会越来越大，而且其增压作用会越来越小。

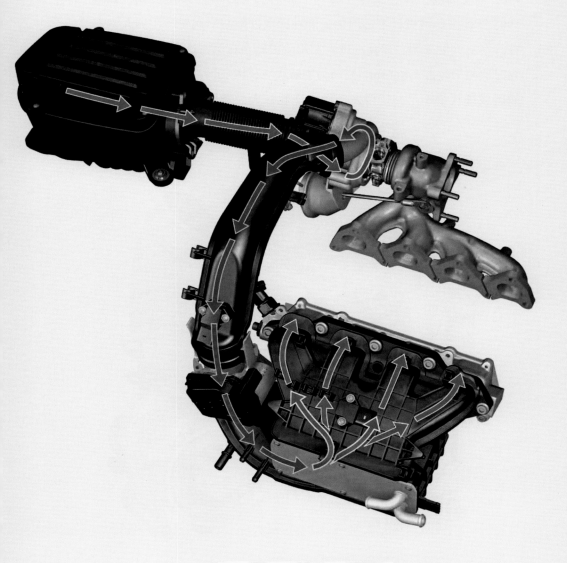

▲ 涡轮增压发动机工作原理图

涡轮增压器的来历

现在汽车上使用的涡轮增压器最早是由法国的路易·雷诺在 1902 年发明的，并且获得了专利。此后仍有许多人继续研究，如 1905 年德国的博世，不过因为受到种种条件限制，涡轮增压器并未在汽车上大量采用。而真正进入实用阶段则是在第二次世界大战时，当时法国的拉多（Rateau）公司为了解决飞机因飞行高度和空气稀薄而造成进气量不足，使得发动机燃烧效率大为降低，严重影响飞行

▲ 涡轮增压发动机构造图

安全的问题，将涡轮设计运用在飞机上，确保飞机发动机能维持应有的功率输出。第二次世界大战后便开始有汽车厂将涡轮增压器移植到汽车发动机上，以提高发动机功率输出。

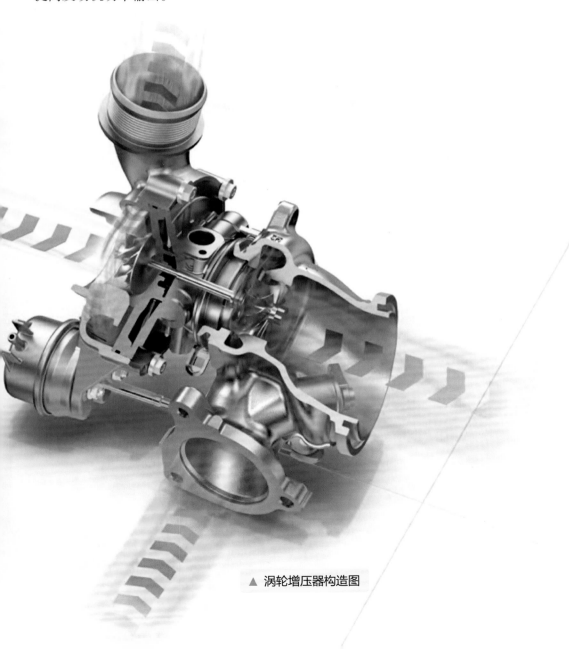

▲ 涡轮增压器构造图

故事 18

制动盘也要通风凉快

　　从表面上看，将汽车制动停车是个简单的机械过程，只要踏制动踏板，就会将制动力传递到制动钳上并将制动盘使劲夹紧，车轮随即慢下来直至停止。

　　实际上，汽车的制动过程是一个将汽车的动能转换为热能的过程。汽车为什么能够继续前进而不停止，即使不踩加速踏板汽车也会继续往前飞跑？因为汽车本身已经具有动能，只有把这些动能消耗殆尽，汽车才会完全停止。可是我们知道，总能量是不会消失的，总能量是守恒的。要想将汽车中的动能变为零，只能将其转化为其他能量方式，比如热能。动能转化为热能的过程比较常见，比如我们用自己的两手相互摩擦起热、钻木取火等。用摩擦片或制动片来强制摩擦制动盘，使动能转换为热能，制动盘上产生大量的热能，同时车轮上的动能在减少，车轮逐渐停止转动。

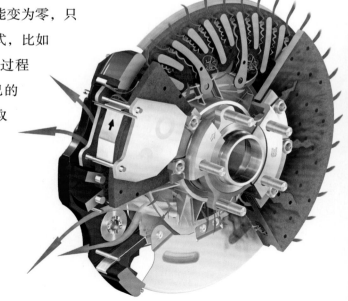

▲ 制动过程中能量转换示意图

为了提高制动的速度，或者说为了加快动能转化为热能的效率，有两个改进方式：要么加大摩擦力（如通过增大制动力、加大制动盘直径等），要么改善热量散发出去的速度（如通风式制动盘、打孔式制动盘等）。因此，一些对制动性能要求比较高的车辆，如跑车、赛车等，都使用散热性较好的大直径通风式制动盘。

▼ 制动盘的散热性能非常重要。　　　▲ 在通风式制动盘上打孔可增强散热效果。

故事 19

三点式安全带的发明

1902 年在纽约举行的一场汽车竞赛上，一名赛车手为防止在高速中被甩出赛车，用几根皮带将自己拴在座位上。竞赛时，他们驾驶的汽车因意外冲入观众席，造成两人丧生，数十人受伤，而这位赛车手由于皮带的缘故而死里逃生。这根皮带算是安全带在汽车上的首次使用，但真正将其作为汽车上的安全配置，则要归功于瑞典人尼尔斯·博林的发明。

1958 年，博林被当时沃尔沃的总裁任命为公司的安全总工程师，他上任的第一项任务就是设计出一款真正安全的安全带，用来装备在沃尔沃最新推出的汽车

Nils Bohlin
Inventor Volvo 3-point Safety Belt

▲ 三点式安全带发明者尼尔斯·博林（1920—2002）

上。据博林自己回忆说，他当时面临的最大的挑战是："找到一种简单而有效的解决方式，让人们可以用一只手完成整个操作过程。"为此，他总结归纳出了安

全带的"黄金定律"：安全带必须包含一段环绕臀部或大腿的部分、一段跨越上半身胸前的对角线部分，构成一个从生理学角度来说十分正确的造型，也就是让安全带跨越骨盆和肋骨部位，并固定在座位旁边低处的定点上；而安全带的几何造型是一个 V 字，交叉点的尖端位于靠近地板的位置，让安全带在承受力量时，必须能够保持在应有的位置上，不会随意移动。博林创造性地把搭扣从中部挪到了一侧，V 字三点式安全带就此诞生了。这一设计不但符合工程学原理，也更加人性化。

　　1959 年，沃尔沃为博林设计的 V 字三点式安全带申请了专利，并马上配备在沃尔沃当年新上市的车型上。不过由于对使用安全带的好处宣传不够，人们认为安全带碍手碍脚，一时难以形成使用习惯，因此安全带的使用率比较低。虽然沃尔沃汽车公司已免费向其他生产商提供了 V 字三点式安全带的设计，但安全带在当时的普及率仍然很低。

▼ 1959 年 8 月 13 日，第一辆将三点式安全带作为标准配置的汽车沃尔沃 PV544 上市。

　　直到 1967 年，博林在美国发表了《28 000 起交通事故报告》，当中记录了 1966 年瑞典国内所有沃尔沃汽车的交通事故。数字清楚显示，V 字三点式安全带不但在超过半数的个案中减少乘员受伤的机会，更能够保住性命。1968 年，美国规定所有新车都要安装安全带。我国对安全带的强制使用规定于 1993 年 7 月 1 日正式施行，当时违反规定者将会得到警告或者 5 元的罚款处罚。

　　当 V 字三点式安全带的发明者博林于 2002 年去世时，沃尔沃估计他的设计已经至少拯救了 100 万人的生命。

　　车上安全带是生命安全带，它主要有以下两个作用：

　　（1）在发生正面撞击时安全带可以不让前排乘员向前冲撞，防止碰撞脑袋。

　　（2）在发生正面撞击时防止安全气囊对乘员造成伤害。安全气囊是"定向爆炸"，它是按照乘员系安全带的情况来保护乘员的头部、胸部的，因此，如果乘员没系安全带，乘员的身体在撞击瞬间可能东倒西歪，那么安全气囊就有可能对乘员造成伤害。

▼ 现代汽车的安全带

故事 20

力量不够，助力来帮忙

　　1914 年，美国的杜森伯格兄弟将液压制动系统最先应用于赛车上。他们利用帕斯卡液压原理，将液压管路的两端分别装上直径不同的活塞，从而可以将油液压力放大。油压放大的比例就是活塞直径之比。当车手踏下制动踏板时，主油缸内的活塞将液压油压入四条制动油路，并将放大的压力传到制动片上。

　　在 1920 年第 16 届汽车沙龙上，杜森伯格兄弟展出了他们装有液压制动系统的汽车 Straight 8，从而引起人们对液压制动系统的关注。杜森伯格兄弟预测他们的车将在档次、速度及寿命上超过当时的任何汽车，并于 1921 年下半年开始生产这种带有液压制动系统的汽车。一直到今天，很多汽车仍然采用液压制动系统，帮助

▲ 现在汽车采用的液压制动系统

▼ 多数现在轿车采用电动机提供转向助力

驾驶人以较小的力量即可将汽车及时制动停车。

转向也需要助力，否则体力小的驾驶人操作转向也很费劲，并可能带来安全隐患。20世纪40年代，美国汽车开始采用前轮独立悬架，发动机位置因此便可前移，体积也更大，结果是转向变得十分吃力。汽车厂商为了减轻转动方向盘的力量，采用较小的转向齿轮，并将方向盘直径放大。这一招果然奏效，可是，驾驶人只有将方向盘做大幅度的快速转动才能使前轮做出微小的转向。这种操作尽管十分轻便，但远远不能令人满意。后来人们借鉴制动系统中的液压助力系统，也为转向系统配备了液压助力。然而转向助力不能太大，否则，驾驶人会因为对转向的感觉甚微而难以衡量和判断前轮转动的情况。驾驶人必须根据汽车的实际表现来调整和控制转向，反应自然变得迟缓，这样就会增加驾驶人的精神负担，甚至会导致交通事故。因此，辅助力的大小要合适，太大或太小都不好。

然而，后来又发现，汽车以不同速度行驶时对转向助力的要求也是不

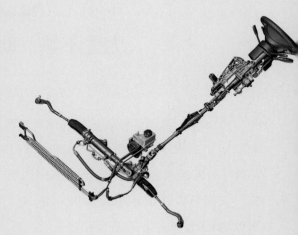

▲ 现在已不多见的液压助力转向系统

▲ 现在中高级轿车上采用的随速助力转向系统

一样的。当汽车高速行驶时，如果转向助力太大，会造成行驶不稳定，稍微转动方向盘就会导致汽车大幅度转向。而在低速行驶时转向，比如倒车时就需要转向助力大一些，从而轻松转向。为此，助力大小可以随车速变化而变化的"随速助力转向"就诞生了。现在中高级轿车都采用了电子式随速助力转向系统，转向助力由电动机提供，并由电脑根据车速大小来自动调节转向助力。

▲ 曾经非常流行的液压助力转向系统

故事 21

两种动力一起混

　　混合动力系统是指两种不同的动力形式组合在一起，共同作为驱动汽车前进的动力系统。其动力形式主要有燃油发动机、燃气发动机和电动机等。但通常我们所称的混合动力汽车（Hybrid Electric Vehicle，简称 HEV）是指采用燃油发动机与电动机两种动力组合的汽车，简称"油电混合"。

　　虽然都是采用发动机和电动机来驱动汽车前进，但并不都是采用燃油和电两种能量供给方式。我们通常将只采用燃油一种供给方式的混合动力汽车称为普通混合动力汽车；而不仅采用燃油，还采用外接电源充电的混合动力汽车，称为插电式混合动力汽车。

　　混合动力的组合形式并不统一，各个汽车厂家的设计方案不太一样，可以说千差万别。根据发动机和电动机在汽车动力系统中作用的大小，可以将混合动力细分为轻混合动力和重混合动力两种形式。

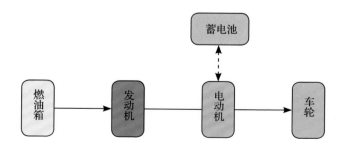

▲ 普通混合动力汽车原理示意图

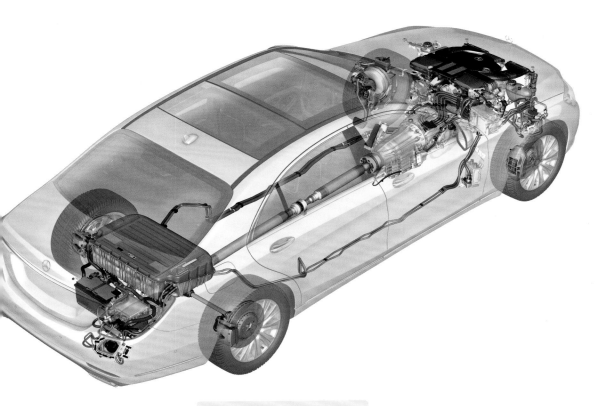

▲　奔驰插电式混合动力汽车

轻混合动力

轻混合动力系统采用的是单独的高压电动机，在汽车缓慢起步或低速行驶时，电动机在电量饱满的情况下可以独立驱动汽车前进；当汽车处于加速或者大负荷工况时，电动机与发动机共同驱动车轮，在汽车需要更大动力时帮助"推"一下汽车，从而提高整车的起步和加速性能。这种混合动力系统中的电动机一般设置在发动机与变速器之间，而不是独立设置。

代表车型：奥迪 Q5Hybrid、奔驰 S400h、大众途锐 Hybrid 等。

重混合动力

重混合动力系统采用 272 ～ 650 V 的高压电动机，通过车载动力电池供电，电动机可以在起步或巡航过程中单独驱动车辆行驶，在加速或者电池能量不足的情况下，再由发动机单独或者联合电机驱动车辆。

与轻混合动力系统相比，重混合动力系统的混合度更高，其电机功率更大，车载电池容量也更大，纯电行驶里程也更长。

重混合动力系统的电机一般不会设置在发动机与变速器之间，而是独立安放。

代表车型：丰田普锐斯、雷克萨斯 RX450h、雷克萨斯 CT200h 等。

▲ 丰田普锐斯混合动力汽车

故事 22

拉着走还是推着跑

前轮驱动（Front Wheel Drive，简称 FWD）的车辆相当于发动机在前面"拉"着汽车前进，而后轮驱动（Rear Wheel Drive，简称 RWD）相当于从后面"推"着汽车前进。"拉"和"推"的不同方式造成驱动力对汽车的作用点不同，从而使汽车具有不同的行驶特性。

FWD 的优势

（1）FWD 的直线行驶性较好，这也是前轮驱动汽车的最大优点。我们用一个前轮可以灵活转向的汽车模型放在桌上做试验，如果从后面推车模，汽车模型的方向会不稳定，它不一定会沿着推动的方向前进；反之，如果从前面去拉这个汽车模型，它则会很顺从地按照所拉方向前进。用超市里的手推车或前轮可以转向的婴儿车做同样的试验，结果也一样。

（2）动力传递效率高。FWD 的发动机可以横置，它的动力输出轴与前轮车轴平行，而且离得非常近，可以很容易地将动力传递到车轮，而不用像 RWD 那样要改变 90° 后传递动力，因此传递效率较高，动力损耗较少。

（3）FWD 较 RWD 结构紧凑，部件少，一般可减轻质量 25 ~ 40 kg，因此比同级别的 RWD 车更省油。小型轿车为了避免车内空间太窄，大多都是 FWD。

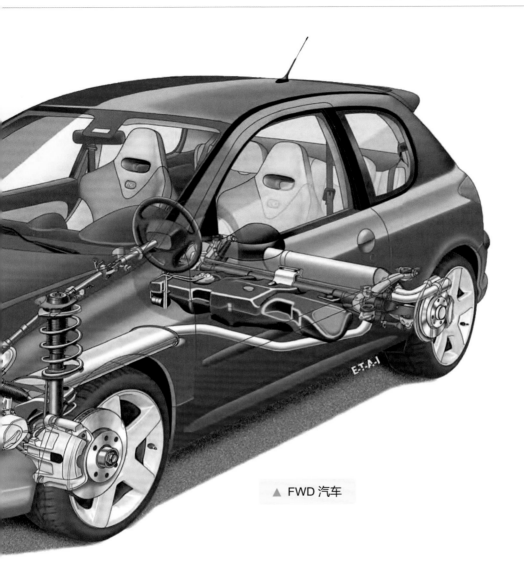

▲ FWD 汽车

　　（4）一般说来，FWD 的车内空间利用好。因为 FWD 的发动机一般可以横置于前舱，并将变速器、差速器等整合成一体放在车前部，从而可以让驾乘舱往前移，扩大驾乘舱的空间。另外，FWD 的后排中间地板没有凸出的"分水岭"。"分水岭"通常是指 RWD 车辆为安装纵向传动轴而必须凸出的凸台，但FWD 不需要纵向传动轴，因而地板可以平坦、宽敞。

FWD 的劣势

（1）发动机、变速器、差速器和转向系统等都放置在车辆前部，使车辆的前部要比后部重得多，也就是造成"一头沉"的布局。这也是 FWD 的最大劣势。

（2）当汽车起步和加速时，汽车的重心后移，使前轮的附着力减小，如果急加速就很容易造成前轮打滑，使汽车不能很快地起步和加速。

（3）制动时由于重心前移，加上前部质量较大，就很容易使汽车在制动时点头，从而降低舒适性。

（4）在过弯时，由于前轮既承担驱动力，又承担转向力，如果在弯道中加速或减速，也就是改变驱动力的大小，就会影响转向力的发挥，从而会使汽车的转向特性发生变化。如果在弯道中急加速，就可能使驱动力突破前轮的附着力，从而使转向力为零，此时汽车便不再转向，而是直直地往弯道外侧冲去，也就是发生转向不足现象，俗称"推头"。

RWD 的优势

RWD 的优势和劣势是和 FWD 相对应的，FWD 的优势就是 RWD 的劣势，反之，FWD 的劣势就是 RWD 的优势。具体说来 RWD 的主要优势如下：

（1）RWD 的整车性能好，更能让设计师们充分施展才能。首先是由于发动机可纵向放置在车头，因此可允许较窄的前轮距和较低的发动机罩，以减小风阻，获得较佳的空气动力性能。另外，由于各总成较分散并独立，因此从组装到维修保养，都较方便。

（2）RWD 与 FWD 相比，加速时还可获得更大的驱动力。当车辆加速时，其重心向后移，一部分质量由前轮移向后轮，即前轮卸载、后轮加载，这必然影响前轮的有效牵引力，此时 FWD 会失去部分驱动力，而 RWD 则会增加驱动

▲ RWD 汽车

力。有时同样一个人，他虽然在平路上拉（相当于前轮驱动）不动一辆车，却可以推（相当于后轮驱动）得动一辆车，就是这个道理。另外，奔跑能力较强的动物，一般都会有两个强有力的后腿。

（3）RWD 的前轮负责转向，后轮负责驱动，可保证车辆拥有充分的转向力。一个轮胎的总有效牵引力是有限的，如果车辆是在这个有效牵引力接近极限值的情况下进行加速（如在雨天、雪地、冰面上行驶），那么就没有多少剩余的牵引力用于转向了。对此，可以了解一下，当人们把前轮驱动车开到有冰面的上坡路上拐弯时，即可看到拐弯非常艰难。这是因为转向、驱动都需要附着力，两者之和不能超过轮胎的总附着力，而轮胎在冰面上的附着力本来就小。后轮驱动车辆的转向、驱动分别在前、后轮，因此多数情况下驱动轮不容易打滑，在安全上具有优越性。

（4）由于 RWD 具有较灵活的转向特性，并且更容易实现前后 50∶50 的配重比，因此 RWD 的驾驶乐趣更强，这也是许多跑车都愿意采用后轮驱动的主要原因之一。

RWD 的劣势

（1）RWD 对驾驶技术要求更高。当 RWD 车辆转向时，后轮的驱动力会给正在转向的前轮一个"推力"，使前轮的转向力加大，因此 RWD 的转向异常灵活。这对于拥有较高驾驶技术的人来讲当然是好事，可以让汽车快速通过弯道，但对于驾驶技术一般的人来讲，可能就是个麻烦，如果在弯道中突然加速就可能导致车辆尾部向弯道外侧甩，甚至突然调头、原地打转等，尤其是在湿滑路面上更容易发生这种现象。因此，在我国东北地区许多人不敢驾驶后轮驱动的车辆。

（2）RWD 与 FWD 相比，要增加一些部件，从而导致车重增加。另外它的动力传递路线较长和曲折，因此动力传递效率也不及 FWD 高，这都可能造成 RWD 的油耗稍高。综上所述，FWD 和 RWD 各有特点，无任何一方能够在所有的方面都强于另一方，它们分别适合于不同定位的车辆。

四轮驱动可以前拉后推

两轮驱动汽车在特殊路面上行驶时，受限制较大，有时很危险。为了提高汽车的通过性和安全性，四轮驱动汽车应运而生。四轮驱动汽车最大

的特点是将原本集中在两个车轮上的驱动力分摊给四个车轮，即使有部分车轮
打滑，汽车仍有车轮存在驱动力，可以帮助汽车摆脱困境。

▲ 奔驰四轮驱动汽车

故事 23

从两轮驱动到四轮驱动

　　汽车发明后很长时期内都采用两轮驱动方式，这使得汽车在与马车的竞争中长期处于劣势。因为当时的道路是为行人和马车修建的，只要没有大坑而崴了马蹄就行，马能走的地方，马车就能过去。而汽车则不同，如果路面不平整或湿滑，汽车行驶起来就比较困难，如果有一个车轮打滑，就可能使汽车抛锚。早期的汽车虽然很新潮，但并不实用，尤其是在冰雪季节，汽车就失去了实用价值。

　　为了让汽车更加实用，人们想到了让汽车像马一样，用四条腿行走，也就是四轮驱动。但直到 1903 年，荷兰的世爵（Spyker）汽车公司才在巴黎车展上展出一辆四轮驱动汽车——世爵 60 HP。这是一辆大奖赛赛车，采用前、中、后三个差速器，而且是全时四驱，最高车速可达 80 英里 / 时（1 英里 / 时 = 1.609 km/h）。此车共创造了三项世界第一：第一辆采用四轮驱动的汽车；第一辆 6 缸发动机汽车，气缸直列布局，总排量高达 8.676 L，最大功率 60 马力；第一辆采用四轮制动的汽车。

▼ 1903 年，世界第一辆采用四轮驱动的汽车：世爵 60HP

其实，在 1902 年，费迪南德·保时捷就曾制造出一辆电动四驱汽车。他在四个车轮内分别安装了一个电动机，实现真正的四轮驱动。因此，也有人将这辆电动汽车称为世界第一辆电动四驱汽车。

▲ 世爵 60HP 创造了三项世界第一

在 20 世纪初期，电动四驱汽车基本没有实用化，其根本原因是始终解决不了一个技术问题：怎样让前轮既是转向轮又是驱动轮？因为当时左右车轮都是硬轴连接，还没有发明等速万向节，无法让前轴"断开"。那么有些人可能会问：前轮驱动的汽车在转向时是怎样驱动的？其奥秘就是将前轴"断开"成两个半轴，在半轴上安装了等速万向节，这样即使车轮扭转一定角度，半轴也可以在跟着扭转一定角度的情况下实现等速旋转。

▲ 费迪南德·保时捷研制出的世界第一辆电动四驱汽车

故事 24

爬坡利器变速器

　　最初的汽车没有变速器，而且只进不退。法国工程师瑞尼·本哈特和埃米尔·拉瓦索尔于 1894 年在本哈特 - 拉瓦索尔（PANHARD & LEVASSOR）牌汽车上装上变速器后，邀请不少新闻记者进行变速表演。然而，偏偏在这个时候发动机出了毛病，怎么也起动不了。尽管他们在哄笑中讲完了变速器的原理和作用，但仍被新闻界讥讽为"利用假把戏骗取钱财"。然而，一年后的 1895 年，

　　两位工程师再次邀请新闻记者观看他们的变速汽车表演。在喜欢挑剔的记者面前，他们驾驶自己的汽车时快时慢、时进时退，用事实征服了记者，征服了汽车界。

▲ 手动变速器构造图

发动机

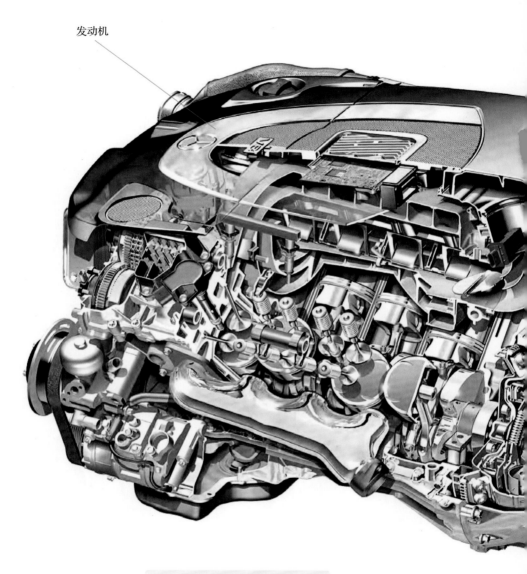

▲ 发动机和自动变速器构造图

　　还是以自行车为例说明变速器的原理吧。自行车中间轴上有个较大的链轮，车轮上有个较小的链轮，它们之间用钢链连接。中间的大轮转一圈，后轮可能就要转两三圈。当起步时，由于人体较重，如果直接骑上去就很难起步，因此人们一般都会先推一下车，然后再骑上去。骑上自行车后，基本就不太费力了，可以轻松自如地前进。但是，如果想提高车速，就得快速蹬车，即使这样，有时也觉得不够快；反之，如果遇到顶风骑车或上坡骑车，就会感觉非常吃力，有时不得不下车推着自行车上坡。而装有变速机构的自行车就可以解决这个问题。当想以较快的速度前进时，可以把后轴上的链轮换成直径较小的，这样蹬一圈中间的大链轮，后轮就可能转四五圈，从而提高了行驶速度；如果遇到顶风或上坡，则可以将后轴上的链轮换成直径较大的，这样蹬一圈中间的大链轮，后轮可能也就转一两圈，不用太用劲就可以骑车攀爬上坡。

　　汽车也一样，发动机的转速非常高，但输出的转矩非常有限。起步时不需要较大的车速，但需要较大的转矩来驱动汽车开始前进，因此在起步阶段发动机最好是让汽车低速、大扭矩平稳运行；在车速上来后，就不需要太大的转矩，而需要较高的车速。能够对发动机输出的转矩和转速进行调节的装置，就是变速器。可以说，如果没有变速器，汽车只能以一个速度、一个转矩前进，不能太低速，也不能太高速，甚至不能上坡、过桥。

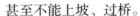

自动变速

故事 25

汽车前脸的故事

　　汽车其实是有生命的，从它的长相也能看出，它也有眼（大灯）、鼻（进气格栅）、头（车头）、身（车身）、尾（车尾）、腿（悬挂）、脚（车轮）、鞋（轮胎）等。不同的是，它的长相是设计师设计出来的，并且可以根据它的用途和市场定位进行个性设计。因此，我们基本可以从汽车的长相上大略看出它是哪一类车型。如前脸看起来活泼可爱、娇小柔美，那么该车型大多是家用小型轿车；如车身低矮、扁平，而且呈流线型，侧面有较大的进气孔，那大多是动力强劲的跑车；如面部棱角分明、方头方脑，充满阳刚之气，那定是到处乱跑的越野车；如面相高贵典雅、气度非凡，那很可能就是高级豪华轿车；如容颜奇特夸张，给人难以置信的酷感，那多半是概念车。

　　在设计中一些轿车脸谱却不可随意乱用，尤其是最能代表个性的进气格栅，已成为某些汽车厂家的家族脸谱，如宝马的"双肾形"、劳斯莱斯的"宫殿立柱"、吉普的"七竖孔"、阿尔法·罗密欧的"盾牌"、道奇的"田字"、克莱斯勒的"鸡蛋筐"和雪铁龙的"双人字"等，它们已成为这些汽车家族的象征标志。而且，许多世界名车的脸谱一旦固定下来，就相当于拥有了肖像权，其他

▲ 1912 年布加迪（Bugatti）16 型

厂家在设计前脸时会尽力避免与其沾亲带故，否则会被认为是抄袭。现在也可能只在汽车工业新兴国家才会出现模仿他人家族脸谱的设计。最早的汽车没有脸谱之说，汽车设计师都是工程师，没有美术师。大约从 1910 年后，汽车造型已从马车的造型中脱离出来，设计者可以根据自己的喜好设计汽车造型，美学开始应用到汽车上。汽车设计师在车前脸和车尾上下大工夫，希望人们从汽车身旁走过时能一眼认出。

20 世纪 30 年代和第二次世界大战前后，是汽车造型设计的两个鼎盛时期，这时的汽车前脸设计由美学主义把控。现在的汽车家族脸谱大多是从那时期被人们认可并流传下来的。

▲ 1912 年奔驰（Benz）8/20HP 敞篷跑车

▲ 1929 年法国塔伯特（Talbot）M75

20 世纪六七十年代，由于人们对汽车的性能要求越来越高，空气动力学操纵着汽车的外观设计，只要能减小空气对汽车的阻力就行，此时的汽车已没有了脸面，进气格栅只是发动机的进气口，没有了美学作用。当空气动力学对汽车设计师已不成问题之后，他们又腾出手来关注汽车的前脸设计了，并不断继承和进化，即使今天，每推出一代新车型，也都要在脸谱上做些美容。

▲ 1933 年第一辆采用"双肾形"前脸设计的宝马汽车 303

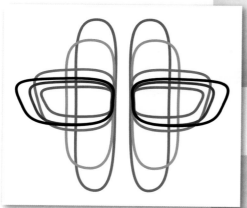

▲ 宝马"双肾"越来越扁平，越来越不像肾形了

▲ 1936 年最经典的宝马汽车 328 型推出

其实，要想形成既好看又能体现自己风格的汽车脸谱并不容易，除了历史较长的欧美老牌车厂外，一些后起之秀们还真不容易找到自己的"脸"。比如，日本和韩国的汽车工业虽然发展较快，但至今很难形成让人印象深刻而又相对固定的汽车脸谱。20 世纪 80 年代日本轿车大量涌入中国时，一般人很难分清丰田与日产的轿车。它们不仅个头、身材相似，而且面孔几乎一样，好像拥有同样的 DNA。好在日本车厂已意识到这个问题，现在已开始"沉淀"，如雷克萨斯的"纺锤形"等渐渐为人所熟知。

然而审美观因人而异，萝卜白菜各有所爱，设计师绞尽脑汁设计的自认为惊艳动人的脸谱，在他人眼里可能是丑八怪一个。1957 年，福特投资 2.5 亿美元，推出一款以老福特的儿子埃德塞尔命名的中型轿车。然而许多用户认为其丑陋无比，尤其是车头中央的"马颈圈"俗不可耐。因此"埃德塞尔"销路一直不畅，最后投产仅 2 年就宣告停产。

▲ 1936 年梅赛德斯－奔驰（Mercedes-Benz）500K/540K 敞篷跑车

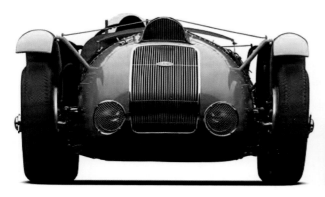

▲ 1937 年德拉海（Delahaye）145 大奖赛车

▲ 1934 年法国瓦赞（Voisin）C27

▲ 1935 年标致 402 Limousine

法国汽车设计历来就喜欢别出心裁，这款标致 402 将前照灯放置在前中网内，堪称空前绝后的设计。

▲ 1937 年法国德拉海（Delahaye）145 型

◀ 1935 年美国杜森博格（Duesenberg）SJ

▲ 1936 年布加迪（Bugatti）57SC 型轿跑车

▲ 福特埃德塞尔（Ford Edsel）轿车

▲ 1935 年劳斯莱斯（Rolls-Royce）
20/25 敞篷跑车

故事 26

汽车眼睛的演变

燃料灯：第一代汽车前照灯光源是由燃料（蜡烛、煤油或乙炔）直接燃烧发光，它能满足早期车灯的要求，但存在发光效率很低、光强弱、性能不稳定和操作复杂等明显缺点。

白炽灯：第二代汽车前照灯光源是白炽灯，也就是现在仍比较常用的白炽灯泡。

卤素大灯：20世纪70年代，卤素灯泡率先在欧洲和日本汽车上兴起，很快成为汽车强光源的主力。

1886年，戴姆勒汽车，蜡烛大灯

1901年，梅赛德斯 Simplex，乙炔大灯

1915年，奔驰18/45PS，电动近光灯

1934年，梅赛德斯–奔驰 500K，白炽大灯

1968年，梅赛德斯–奔驰 300SEL，卤素大灯

1971年，梅赛德斯–奔驰 350SL，卤素大灯

氙气灯 / 双氙气大灯：第三代汽车前照灯光源是气体放电灯（High Intensity Discharge，简称 HID），最常见的就是氙气灯，并从 1991 年开始装备在汽车上。氙气大灯强度高，寿命长，耗能低，成本高，在中高级轿车上 HID 已逐渐成为标配，并逐渐向中级轿车上普及。氙气灯将替代卤素灯成为新型的汽车前照灯的光源。我们常说的双氙气前照灯则是指远光和近光都是氙气灯。

自适应前大灯：2003 年开始装备在汽车上，当汽车转弯时它可以自动转动一个角度，照亮弯道内侧的路况。

LED 日间行车灯：2004 年开始在奥迪轿车上装备 LED 日间行车灯。

LED 全大灯：2010 款奥迪 A8 上可以选装 LED 式远光灯和近光灯。

激光前大灯：2014 年宝马 i8 插电式混合动力超级跑车率先选装激光前大灯，其照射距离更远。

1995 年，梅赛德斯 - 奔驰 E 级，氙气大灯

1999 年，梅赛德斯 - 奔驰 CL 级，双氙气大灯

2003 年，梅赛德斯 - 奔驰 E 级，主动式双氙气大灯

2004 年，梅赛德斯 - 奔驰 CLS 级，随动转向双氙气大灯

2006 年，梅赛德斯 - 奔驰 E 级，智能化双氙气大灯

故事 27

汽车身材的进化

最早的汽车车身其实就是马车，就是将套马的那些东西去掉，再想法将发动机装在马车上，就成了早期的汽车。因此，我们看到，早期汽车的驾驶者座位都非常高，那是驾车人为了看清马头前面的道路而特意设置的高座位。另外，现在所谓的仪表盘（Dashboard）其实就源自于马车最前面的"挡板"（Dashboard）一词，它当初在马车上可以防止马蹄踩起的碎石击伤车上乘员。

这是一辆1894年生产的奔驰Victoria汽车，采用"面对面"式的座椅设计。驾驶汽车的是卡尔·本茨，坐在他身旁的是他夫人，坐在他对面的是他们的女儿。另一位是他的朋友。

▼ 2015 款梅赛德斯－奔驰 S600

在汽车发明的早期，由于汽车速度非常慢，所以一般为方盒子形状，人们最多考虑的还是好看、漂亮和吸引人等。直到 1930 年，克莱斯勒推出流线型的汽车，人们才开始注意到汽车外形对汽车行驶阻力和速度的影响。从此在设计

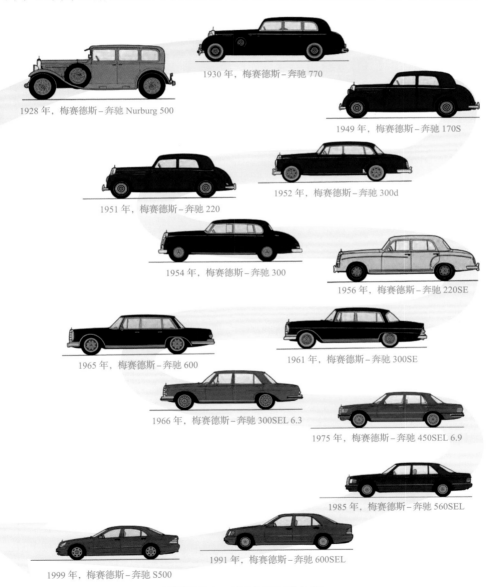

1928 年，梅赛德斯–奔驰 Nurburg 500

1930 年，梅赛德斯–奔驰 770

1949 年，梅赛德斯–奔驰 170S

1951 年，梅赛德斯–奔驰 220

1952 年，梅赛德斯–奔驰 300d

1954 年，梅赛德斯–奔驰 300

1956 年，梅赛德斯–奔驰 220SE

1965 年，梅赛德斯–奔驰 600

1961 年，梅赛德斯–奔驰 300SE

1966 年，梅赛德斯–奔驰 300SEL 6.3

1975 年，梅赛德斯–奔驰 450SEL 6.9

1985 年，梅赛德斯–奔驰 560SEL

1999 年，梅赛德斯–奔驰 S500

1991 年，梅赛德斯–奔驰 600SEL

▲ 奔驰 S 级轿车进化路线图

汽车时不仅要考虑美观，而且还会考虑空气阻力对汽车行驶的影响。因此，现在轿车和跑车的外形越来越流线型，前风挡玻璃越来越向后倾斜，车身顶部和周围也越来越平滑、顺畅。

在 20 世纪初期，由于发动机技术水平较低，发动机的比功率（也就是功率与质量之比）较低，必须采用较多缸数的发动机才能驱动庞大的汽车，而且那时还没有 V 型发动机，一般都采用直列 6 缸或 8 缸设计，这样又高又长的发动机放在车上当然要占很大的地方，而且车头部位较高，流线型和风阻系数就更无从谈起了。

　　后来出现了 V 型发动机，并且随着发动机技术的进步，一般不需要大排量的发动机就能驱动汽车快速前进，甚至还可以配置涡轮增压器或机械增压器，进一步减小发动机的体积和质量。现在轿车上的发动机一般都和变速器整合在一起，体积越来越小。这样外观造型设计师便可以将车头设计得非常扁平，风阻系数也越来越小。

▼ 汽车车身进化图

故事 28

流线型汽车与风洞实验

1934 年，美国克莱斯勒汽车公司率先将流线型汽车"气流"（Airflow）投入市场。这种汽车的外形是严格按照空气动力学的原理设计的，甚至把这辆车像一架飞机一样放在风洞中做实验。

"气流"的先进性不只体现在设计方面，这种车与以前的汽车不同，它还舍弃了笨重的车架加车身式的结构，采用了现今通用的车架与车身集成式建造的方式，使车的自重大大减轻。车轮位置也做了调整，使乘坐更舒适。

"气流"在外观设计上颇得空气动力学要旨，但对普通人来说却难以接受，销售较差。1934 年，克莱斯勒卖出了 11 292 辆"气流"，到 1937 年"气流"销量又降至 4 600 辆。有人说，它的流线型设计与人们想象中的形象差之甚远；还有人说，从科学的角度来看，它的设计无懈可击，但从审美的角度来看，它的设计还有欠缺。

▲ "气流"汽车

　　克莱斯勒"气流"之后，汽车业的领导者们意识到流线型汽车的销售潜力还是很大的，他们决定采用流线型设计，但不要与风洞实验发生关系，因为风洞里开出来的汽车太难看，人们都不想买。

▲ 风洞实验

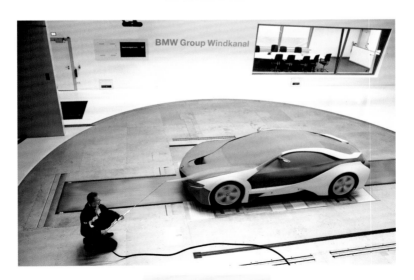

▲ 风洞实验（BMW）

现在，新车造型设计方案确定之前，一般都会放进风洞进行空气动力学测试，实验的目的与克莱斯勒"气流"时代也有所不同，主要目的有两个：

（1）减小风阻，降低油耗。通过风洞实验，可以优化汽车的风阻系数，减小汽车在行驶中遇到的空气阻力，从而可以节省燃油消耗。据研究表明：每减少 10% 的空气阻力，就会降低 2.5% 以上的燃油消耗。

（2）提高行驶稳定性能。一辆汽车在行驶时，不可避免地会对相对静止的空气造成冲击，空气会因此向四周流动，而进入车底的气流会对汽车产生上升力，削弱车轮对地面的抓地力，影响汽车的行驶稳定性和操控表现。通过风洞实验，可以优化进入车底的气流，从而提高行驶稳定性。

▲ 进入车底的气流　　　　　　　　▲ 经过车身的气流

▲ 技术人员手持"烟枪"放置在车身周围，即可看到在巨大风力中气流流过车身周围的情况

走进汽车设计室

步骤 1：市场调研

汽车设计的第一步是市场调研。这一步非常重要，是指导后面设计工作的方针，直接决定了要设计一款什么样的车，所设计车型的定位是什么。一款新车型的诞生始于市场，因为它最终还是为市场服务的。如果市场调研有偏差，或预见性不够，那么经四五年后新车型推向市场时可能就会受冷落。市场调研后必须明确要设计一款什么样的车型，比如有多少个座椅，几个门，车身尺寸如何，售价多少，车主应是什么样的人等。

步骤 2：绘效果图

新车型都是从一张纸上开始的，然后才开始它的漫漫旅途。造型设计师根据市场调查和设计目标将创意绘画在纸上，并经过不断的修改，再把它拿去给负责人审阅。当充满创意的新车受到一定的青睐后，还要以更具体的方式表现它的造型设计理念，绘出各种效果图，看看是否同样得到负责人的赞许。

现在可以借助电脑绘制非常逼真的效果图，在电脑上看起来和真车非常相似，并且可以很轻松地进行修改。

▲ 草图和效果图 1

◀ 草图和效果图 2

▲ 草图和效果图 3

▲ 草图和效果图 4

步骤 3：油泥模型

根据审查通过后的效果图制作小尺寸模型，一般为 1：5 比例的油泥模型，也就是相当于真车五分之一大小的汽车模型，并放到风洞中测试一些基本的空气动力学数据，然后再根据这些数据，不断地修改模型的细节造型。当小尺寸模型通过审查后，再制作 1：1 的汽车油泥模型，仍然放在风洞中进行空气动力学测试，此时所测试的数据会更加详细，经过不断修改，使模型能达到低风阻、高稳定性的要求。

▲ 油泥模型 1

▲ 油泥模型 2

步骤 4：内饰设计

汽车内饰设计仍然从草图、效果图开始，也要制作内饰的油泥模型，并不断修改。汽车内饰不仅要求美观、个性，更重要的是要充分体现人性化，要严格按照人机工程学来设计每个操作部件。车内各种操作的方式方法要符合人们的心理、生理特点及正常习惯，不能为追求个性而让驾驶人感觉别扭或不容易习惯。

▲ 内饰设计

步骤 5：整车匹配

整车匹配是设计中的重中之重。发动机、变速器、传动机构、悬架系统等机械部分必须配合车身造型和车身尺寸。更为重要的是，由于发动机和变速器等是汽车的动力之源，它们的位置安排、质量分布都会影响到汽车动力性能和

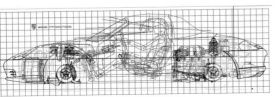

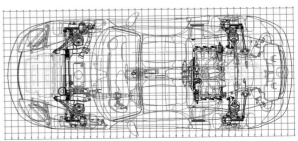

▲ 整车匹配

操控性能，因此与发动机和变速器相关的各个细节都必须考虑到，不论是材质、刚度还是耐用度，都要小心选用、精心安排。

步骤 6：样车试验

首先用手工打造出一辆样车，然后再制造十几辆甚至几十辆试验车，以便进行实车道路试验。在样车试验中，要不断根据试验中暴露的问题进行调整、修改，甚至重新设计。样车试验包括动力性、制动性、稳定性、可靠性和燃油经济性等测试，还有各种环境适应性试验，如寒冷和高湿测试、涉水测试和噪声测试等。当然，撞击测试、翻滚测试等安全性测试也是必不可少的。直到通过各种严格测试后，新设计的车型才会最后定型、投产。

▲ 样车试验 1

▲ 样车试验 2

▲ 样车试验 3

▲ 样车试验 4

故事 30

走进汽车装配厂

汽车制造流程中主要有四大工艺，即车身冲压、车身焊装、车身涂装、整车总装。这四大工艺一般都是在整车厂内完成的，但发动机、变速器、车桥、车身附件和内饰件等部件，一般都是由配套厂商完成制造的，然后被运输到整车总装线与车身一起组装成整车。

汽车组装流程可以分成六个步骤：

步骤 1：车身冲压

冲压是车身制造的第一道工序，在这个工序中，利用大吨位的冲压机将钢板冲压成各种形状的车身钣金件。车身金属件包括"两盖四门"，即发动机盖、行李箱盖、四个车门，以及车顶和两个侧围板等，它们一般是冲压而成的。

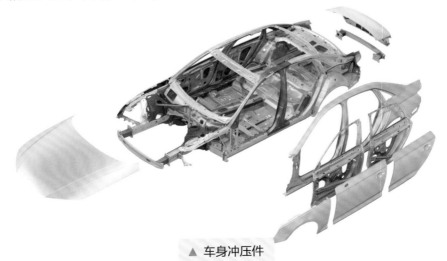

▲ 车身冲压件

步骤 2：车身焊装

车身焊装工序是指将冲压成形的车身钣金件焊接在一起，组成一个整体车身。因为一个完整的车身是不可能一次冲压成形的，只能分块冲压，然后将其焊接在一起，像侧围板等部件都是由两三层钢板焊接而成的。

▲ 车身焊装

步骤 3：车身涂装

车身涂装工艺并不只是将汽车喷涂成各种颜色那么简单，现在普通轿车的涂装

▲ 车身涂装

工序可以达到十多道程序，主要包括车身预处理、电泳防锈、聚氯乙烯（Polyvinyl Chloride，简称 PVC）密封、注蜡、底漆喷涂、面漆喷涂和清漆喷涂等工艺。

步骤 4：整车合体

在进入整车总装线前，必须把发动机、变速器、前车桥、后车桥、制动系统及转向系统等组装在一起，以底盘的形式再与车身进行结合。底盘与车身的结合是整车组装中最重要的环节，此后，汽车的大致模样就出现了。

▲ 整车合体

步骤 5：内饰装配

汽车内饰件装配基本靠工人手工操作，这也是总装线上较为复杂和耗时间的工序，同时也是体现装配工艺水平的地方。整车组装线的末尾是装上轮胎、加注燃油。

▲ 内饰装配

步骤 6：检验测试

　　每辆下线的新车还要对灯光、制动、转向等进行静态检验。之后还要开到试车场，通过实际驾驶对新车进行整车性能检验。完成以上的流程后，一辆汽车就被制造出来了。

BMW Werk Dingolfing, BMW 7er Produktion, finale Kontrolle
BMW Plant Dingolfing, BMW 7 series production, final check

P0047281　BMW Group PressClub: www.press.bmwgroup.com　07/2008
© BMW AG　Nur für Pressezwecke / For press purposes only

▲ 检验测试

故事 31

终极动力燃料电池

石油资源总有枯竭的一天，燃油汽车也总有停产和消失的那一天。正是出于这种考虑，现在世界各大汽车厂商都在大力发展新能源汽车。那么，以现在的技术眼光看，汽车的终极动力是什么呢？很多人认为氢燃料将是未来最为理想的汽车动力。从目前看来，燃料电池汽车则是最可能成为未来理想车型的最佳方案。

燃料电池汽车（Fuel Cell Vehicle，简称FCV）是一种用车载燃料电池产生的电力作为动力的汽车。

燃料电池是一种把氢氧化学能转化为电能的电化学设备。燃料电池装置通常使用高纯度氢作为燃料，但它不是直接燃烧氢，而是利用氢与空气中的氧发生化学反应而产生电能，用来驱动汽车前进。因此，燃料电池汽车也是一种纯

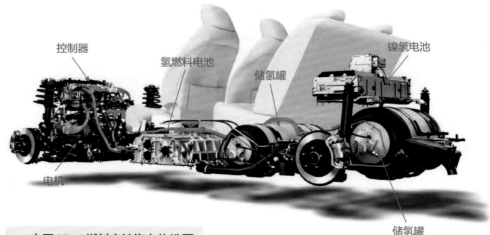

▲ 丰田 Mirai 燃料电池汽车构造图

电动汽车，只不过它不是采用外接电源为蓄电池充电，而是利用燃料电池在车上实时"发电"来为电机提供电能。因此，燃料电池汽车被称为"自带发电站"的汽车。

　　燃料电池的原理是 1839 年由威尔士物理学家威廉·格罗甫首先发现的。燃料电池一般由燃料电池反应堆、储氢罐、蓄电装置 (蓄电池或超级电容)、电机和电控系统等组成。储氢罐向燃料电池堆提供燃料氢，氢在燃料电池堆中与氧气进行电化学反应产生电，然后供电机使用，在电控系统的指挥下驱动汽车前进。当汽车制动或减速时，回收的能量可以储存在蓄电池或超级电容中，用来辅助驱动车轮。与纯电动汽车相比，燃料电池汽车只是由燃料电池堆替代了可充电的动力电池，而动力传递和驱动部分基本一样。燃料电池汽车也有多种形式，纯燃料电池汽车上没有储存电能的装置，但现在的燃料电池汽车都设有蓄电池或超级电容，以进行能量回收。带有蓄电池或超级电容的燃料电池汽车又称为燃料电池混合动力汽车。

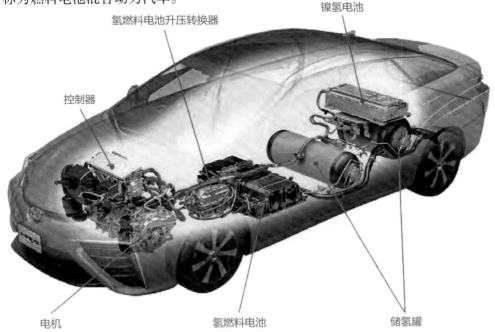

镍氢电池

氢燃料电池升压转换器

控制器

电机　　　　　氢燃料电池　　　　　储氢罐

▲ 丰田 Mirai 燃料电池汽车构造图

故事 32

纯电动汽车的故事

　　纯电动汽车是指纯粹以电能作为驱动力的汽车，它不需要一滴燃油。现在马路上的纯电动汽车越来越多，凡是在车尾带有"EV"字样的汽车，都是纯电动汽车。

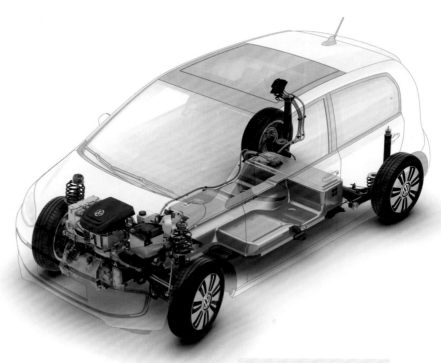

▲ 大众纯电动汽车构造图

　　纯电动汽车主要由蓄电池、电动机和电子控制器组成。相对燃油汽车而言，纯电动汽车的构造更简单，操作也更方便。当然，它的最大优势还是在行驶中没有污染，不会排放有毒物质。那么，纯电动汽车是怎样行走的呢？

　　当驾驶人转动点火钥匙时，电动汽车并没有什么反应和动静，只是电器附件接通电源，但电机并没有开始运转。当驾驶人踩加速踏板时，电控系统根据加速踏板位移传感器的信息，发出接通电机电源的指令，起动电机；电机一开始旋转就输出最大转矩，并迅速通过减速机构、差速器、半轴等将动力传递到驱动轮上，车轮开始旋转，汽车前进。

　　当驾驶人抬起加速踏板时，电控系统根据加速踏板位移传感器的信息，调节电机的转速，进而使驱动轮的转速也降低，最终使电动汽车的速度下降。

▲ 奥迪纯电动超级跑车

故事 33

电动汽车优势多多

电动汽车已成为汽车发展的热点方向，这不仅是由于电动汽车更节能和环保，而且与传统燃油汽车相比，还有两大优势：

（1）电动汽车的起步加速能力强

汽车的加速能力主要与动力系统的最大输出转矩有关。转矩越大，加速能力越强。先看看燃油汽车的转矩输出特性。燃油汽车在静止时，发动机怠速转速约为 800 r/min，当它从静止起步加速时，发动机的转矩必须随转速的升高而逐步升高，到达一定转速时才能输出最大转矩。而且自然吸气发动机最大转矩对应的转速范围非常小，随着转速升高后很快就会衰减下来。

▲ 电动汽车

涡轮增压发动机虽然可以在一定转速范围内保持最大转矩，但在低速时的转矩输出并不高，而电动机的转矩特性与它完全不同，一起动就能达到最大转矩，并能保持较长一段转速范围，只有转速达到特别高时其转矩才会衰减。因此，电动汽车的 0 ～ 100 km/h 加速，尤其是 0 ～ 60 km/h 的加速，要比燃油汽车快很多。

（2）电动汽车不需要变速器就能起步

变速器当初被发明的目的就是帮助汽车起步和爬坡，因为发动机的初始转矩较小，驱动笨重的汽车起步时就比较困难，更无法拖动汽车爬坡。变速器则可以通过齿轮传动将发动机的转矩放大，从而让汽车拥有更大的驱动力，使汽车顺利地起步和爬坡。

▲ 电动汽车不需要变速器，只要一个减速机构就可以了

　　然而，电机的初始转矩是最大的，不需要变速器即可驱动汽车顺利起步和爬坡，因此可以不配变速器，只需配一个减速齿轮将电机的转速减下来即可。没有变速器，不仅少了一个传动环节，节省了制造和维修保养成本，而且动力传递更直接，能量损耗也更小。

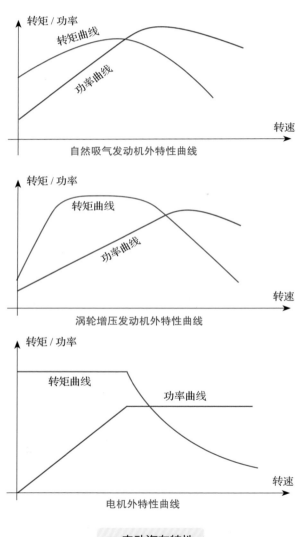

▲ 电动汽车特性

电动汽车变速过程：驾驶人踏下加速踏板→传感器检测到加速踏板被踩下去的深度（一般都会装备两个相同的传感器，以防误操作，只有两个传感器的数据完全一致时，才会进行下一步）→电控系统根据传感器信息调节电源频率→电机的转速随电源频率改变而改变→经过差速器、半轴等传动系统后，将电机动力输出的变化传递到驱动轮上，最终使汽车的速度产生变化。

倒车时，只要将供给电机的交流电方向调反，电机就会反转，从而驱动汽车倒退。

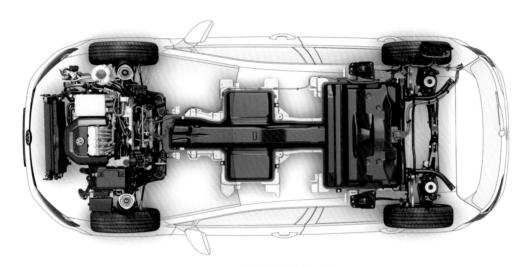

▲ 结构简单的电动汽车

故事 34

定速巡航的奥秘

定速巡航系统（Cruise Control System，简称 CCS）也称巡航控制系统，是较早的驾驶辅助系统，它可以减轻驾驶人的疲劳，不需驾驶人踩加速踏板，汽车就能保持固定速度前进。其工作过程如下：

（1）驾驶人开启 CCS，设置想要匀速行驶的车速。

（2）轮速传感器采集车轮转速的实时信号，经 ABS 模块运算处理加工成车速的实时信息。

（3）CCS 的电子控制单元（Electronic Control Unit，简称 ECU）将车速设定值和实时车速进行比较后，发出调整节气门开度的指令。

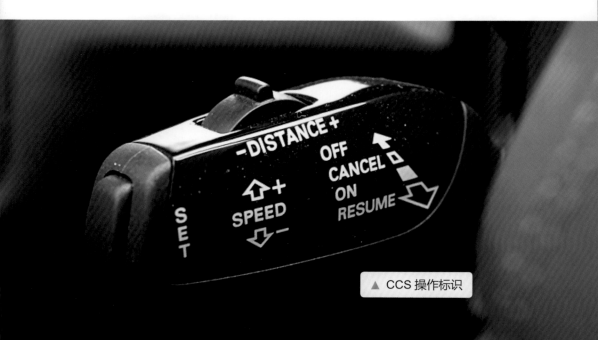

▲ CCS 操作标识

（4）调整节气门开度，从而调节动力输出，控制车速，使其稳定在驾驶人预先设置的车速上。

（5）根据不断变化的实时路况导致的行驶阻力的变化，不断地调整节气门开度，以保持恒定的车速。

对于装备自动变速器的车辆而言，电控单元不仅通过调整发动机的节气门开度来控制发动机的动力输出，还通过变换变速器的挡位来加以配合。CCS 不能在 1 挡和空挡的状态下执行任务。

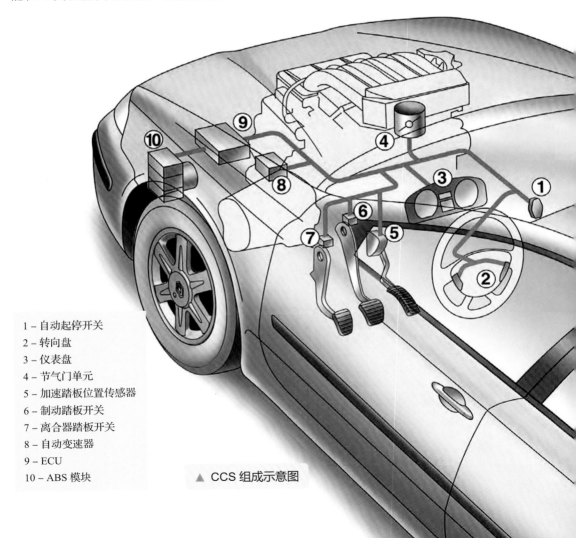

1 – 自动起停开关

2 – 转向盘

3 – 仪表盘

4 – 节气门单元

5 – 加速踏板位置传感器

6 – 制动踏板开关

7 – 离合器踏板开关

8 – 自动变速器

9 – ECU

10 – ABS 模块

▲ CCS 组成示意图

对于装备手动变速器的车辆，只能在相应挡位下控制发动机的动力输出，而不能通过变换挡位来控制车速。

CCS 是一个闭环控制系统，此系统不断地将实际车速与驾驶人设置的车速进行比较，一旦发现车速有偏差，就会发出调整动力输出的指令，使实际车速与设置车速尽量一致。比如，车辆上坡时速度下降，车速传感器发来的车速值比设置车速低，控制单元将发指令给伺服执行机构，加大动力输出以保持车速；下坡时实际车速比设置车速高，控制单元将发出指令减小动力输出以保持车辆按设置速度行驶。

根据系统输出量来自动调节系统输入的控制方式，称为闭环控制或反馈控制。这种控制方式在发动机燃油喷射上也有应用。发动机根据氧传感器检测的排气情况来自动调节燃油喷射量，以便使燃油充分燃烧，减少污染。

其实，大到火箭发射，小到抽水马桶，都是利用反馈控制系统来实现自动控制。它们都是将系统的输出值与设定值进行比较，当出现误差时就对输入进行调整，从而使输出值尽量与设定值相同。

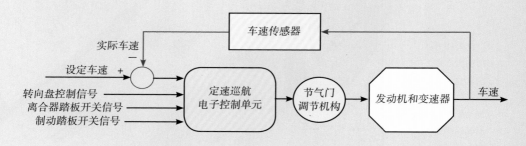

▲ 定速巡航系统工作原理示意图

巡航系统控制：
CRUISE ＝巡航
RES ＝恢复原来的巡航速度
ACCEL ＝加速
DECEL ＝减速
SET ＝设置当前速度为巡航速度
CANCEL ＝取消
SEL ＝选择
RESET ＝复位

巡航系统操作方法

设定巡航速度

1）在良好无堵塞的路段上，汽车速度高于40 km/h（也有 30 km/h），按下巡航控制主开关，系统开始工作。

2）按下"SET"键（此时仪表板上的巡航警告灯亮起），通过踩加速踏板把车速调整到理想车速后松开加速踏板，巡航系统将自动保持该理想车速。

提高巡航速度

1）按下"RES/ACC"或"＋"开关，车速将增加。

2）当车速增加到新的理想车速时，松开该键开关，车辆将按照最新设定的速度巡航行驶。

降低巡航速度

1）按下"SET"或"－"开关，车速将降低。

2）当车速降低到新的理想车速时，松开该键开关，车辆将按照最新设定的速度巡航行驶。

取消巡航速度

可以采取以下任何一种方式取消巡航：

按下"CANCEL"按键；踩下制动踏板；对于自动变速器，将变速杆置于空挡（N）；对于手动变速器，踩下离合器踏板；车速降至 40 km/h；断开巡航控制主开关（CRUISE）。

故事 35

汽车越来越聪明

随着电子技术的迅速发展和在汽车上的应用，汽车的智能化程度逐步提高。汽车变得越来越聪明，正快速朝自动驾驶方向前进。

自动驾驶是指依靠传感器信息收集、视觉计算、人工智能和定位导航系统协同合作，可以通过控制电脑对车辆的前进、转弯和制动等进行自动操作，并能主动规避危险和障碍，高度保障车辆安全运行。

根据自动化水平的不同，一般将自动驾驶技术分为 6 个级别：

L0 级——人工驾驶。完全由驾驶人操作车辆。

L1 级——辅助驾驶。车辆配备有一些驾驶辅助系统，如定速巡航系统、车道偏离警告系统等。现在大部分轿车处于 L1 级水平。

L2 级——部分自动驾驶。在驾驶人收到警告却未能及时采取相应行动时，车辆能够自动进行干预，如自适应巡航系统、车道保持系统等。一些高级轿车处于 L2 级水平。

L3 级——条件自动驾驶。车辆能够在大部分时间内代替驾驶人操作，但仍需驾驶人对车辆的运行状态进行监控，在必要时仍需要驾驶人接管车辆的操控。极个别高级轿车达到了 L3 级自动驾驶水平。

L4 级——高度自动驾驶。由车辆完成所有驾驶操作，驾驶人无须保持注意力来监控车辆及周围情况，但对道路和环境条件还有一定的要求。现在还没有

批量生产的 L4 级汽车上市。

　　L5 级——完全自动驾驶。在全道路和全天候下，可由车辆完成所有驾驶操作，车内所有乘员可以从事其他活动甚至睡眠，无须任何人员监控车辆的行驶状态。L5 级是汽车技术人员努力的终极目标。